LITERATURFÜHRER BASEL

LITERATURFÜHRER BASEL
PERSONEN UND SCHAUPLÄTZE

CORINA LANFRANCHI
MATTHYAS JENNY (HG.)
CHRISTOPH MERIAN VERLAG

Die Autorin, der Herausgeber und der Christoph Merian Verlag
danken für die Unterstützung der Publikation:

christoph merian stiftung basel

Lotteriefonds Basel-Stadt Kultur

Bibliografische Information der Deutschen Bibliothek
Die Deutsche Bibliothek verzeichnet diese Publikation in der Deutschen Nationalbibliografie; detaillierte bibliografische Daten sind im Internet über http://dnb.ddb.de abrufbar

ISBN 3-85616-201-1

cmv christoph merian verlag

Lektorat: Adrian Aebi, Basel
Gestaltung: Sibylle Ryser, Basel
Assistenz: Katrin Ginggen, Basel
Lithos: Atelier Urs & Thomas Dillier, Basel
Druck: Kreis Druck AG, Basel
Bindung: Buchbinderei Grollimund AG, Reinach
Schriften: Conduit, Centennial, Info Display
Papier: Munken Lynx 130 g/m^2

www.christoph-merian-verlag.ch

INHALT

DANK

Ich danke Corina Lanfranchi, die mit Begeisterung und viel Engagement die Texte über die Autorinnen und Autoren schrieb und die wichtigsten literarischen Schauplätze in Basel auskundschaftete. Fachliche Unterstützung fand sie in Martina Kuoni, Albert M. Debrunner, Thomas Wilhelmi und Niklaus M. Mein Dank geht auch an den Verleger Beat von Wartburg vom Christoph Merian Verlag, den Produktionsleiter Claus Donau, den Lektor Adrian Aebi, die Buchgestalterin Sibylle Ryser und alle anderen, die an diesem Buchprojekt mitgewirkt haben. Dem Keller-Fonds der Christoph Merian Stiftung sowie dem Lotteriefonds Basel-Stadt danke ich für die finanzielle Unterstützung, ohne die der Literaturführer Basel nicht hätte entstehen können.

Basel, im Oktober 2003
Matthyas Jenny

EINLEITUNG

Basel ist eine Literaturstadt und sein neuer Literaturführer eine Einladung zum Flanieren durch ein halbes Jahrtausend Basler Literaturgeschichte. Über achtzig Autorinnen und Autoren werden vorgestellt, darunter international anerkannte wie Erasmus von Rotterdam, Albrecht Haller, Jacob Burckhardt, Carl Spitteler und Jürg Federspiel, aber auch lokal bekannte, verkannte und sogar vergessene wie Simon Grynaeus oder Emanuel Wolleb.

Auf der Suche nach literarischen Orten und nach Orten der Literatur, nach schriftstellerischen Protagonistinnen und Protagonisten öffnen sich Bücherwelten – und mit ihnen unser Buch. Es berichtet von Kneipenleben und Dachkammereinsamkeit, von hängenden Gärten und poetischen Spaziergängen, von Erfolg und mancher Enttäuschung. Wir begegnen dichtenden Theologen und revolutionären Lyrikern, lernen Menschen kennen, die auf der Flucht oder freiwillig nach Basel kamen und sich vorübergehend oder für immer hier niederliessen. Aber auch von jenen, die in Basel geboren wurden, ist die Rede, ob sie nun blieben oder ihre Vaterstadt verliessen.

Der erste Teil stellt in alphabetischer Folge die Biografien von Schriftstellerinnen und Schriftstellern vor. Die Porträts sollen Neugier wecken auf die Schreibenden, ihre Werke, die Literaturstadt Basel. Angefügt sind jeweils die bibliografischen Angaben der zitierten Werke sowie lesenswerte Sekundärliteratur. Bei der Auswahl wurden Schreibende berücksichtigt, deren Wirken in Bezug zu Basel steht beziehungsweise über die Stadtgrenze hinausreicht. Die meisten Texte enthalten Verweise auf andere Porträts und situieren so die Dichtenden in ihrem literarischen Umfeld.

Der zweite Teil des Lesebuches ist zehn Schauplätzen gewidmet. Vorgestellt werden Institutionen der Literaturvermittlung, die Literatur ermöglichen, wie etwa die ‹Allgemeine Lesegesellschaft› und das ‹Literaturhaus Basel›, oder Orte der Buchproduktion, wie das Haus ‹zum Sessel›, wo einst Frobens Druckerpresse stand.

Der Literaturführer Basel öffnet einen weiten Blick über Basels Literaturlandschaft – lassen Sie sich verführen zum Flanieren, Verweilen, Lesen!

Basel, im heissen August 2003
Corina Lanfranchi, Adrian Aebi

AUTORINNEN UND AUTOREN

URS ALLEMANN 1948

Die Ode, diese beinah vergessene Lyrikgattung, hat es ihm angetan. Und das Mädchen, das nicht(s) hört. An einem Sonntagmorgen ist es einfach da, drängt sich hinein in seinen Kopf, verleitet zu Fantasien – und dann zum Trochäus. *leider überaus gezogen* heisst der Zwölfzeiler: «mäd das hört nicht ist ein taubchen/auf mich auf sich aus zu gurrt nicht/ist ein stummchen ziehn uns zwei die/nackt noch weiter aus unmögl//ich behaupt ...». Urs Allemanns Gedichte verleiten zum Spiel: mit Wort, Klang und Form. Ein Mädchen, das nicht hört, ist taub, ein Täubchen indes gurrt ... Unvermittelt steht der Lesende im Gedicht, sucht das Ende und verliert sich statt dessen in einer verfremdeten Welt, in der alles irgendwie zusammengehört und doch auch wieder nicht. Vier Anläufe habe der Lyriker Allemann gebraucht, meint er. Mit sieben Jahren entstehen ‹erste Dramen›, als Gymnasiast veröffentlicht er unter dem Pseudonym ‹Rene Charpentier› erste Gedichte.

Nach seinem Germanistik-, Soziologie- und Psychologiestudium, das der in Zürich geborene Allemann in Marburg und Hannover absolviert, wandert er vorübergehend aus: um einen Roman zu schreiben. Zwei Jahre verweilt er in der Toskana, sein schriftstellerischer Ertrag? Null. Anfangs der Achtzigerjahre kommt der erfolglose Romanschriftsteller nach Basel, übernimmt 1986 bei der *Basler Zeitung* das Ressort Literatur. In jener Zeit entstehen – vierter Anlauf – Gedichte (*Fuzzhase*) und «sieben fernmündliche Delirien». Letztere erscheinen unter dem Titel *Öz & Kco.* Allemann wird nach Klagenfurt eingeladen und gewinnt den ‹Preis des Landes Kärnten› beim Ingeborg-Bachmann-Wettbewerb. 1992 veröffentlicht er die Erzählung *Babyficker*, welche zum Gegenstand heftiger Debatten wird. Von Martin Walser muss sich der umstrittene Autor schliesslich sagen lassen: «Sie sind ein Lyriker. Ein Erzähler werden Sie nie.» «Recht hatte er», sagt Allemann heute. Seine damaligen Texte begreife er unterdessen als «Umweg-Prosa», die ihn endlich zur Poesie geführt habe. In einer Recherche durch die Geschichte der Poesie, angefangen bei den Griechen bis hin zu Klopstock und Hölderlin, spürt Allemann der antiken Formkunst nach, hört sich hinein in «das Pathos einer hölderlinschen Ode» und hinterfragt auf seiner Reise in die Vergangenheit die lyrische Gegenwart. Tradition und Aktualität fliessen in dieser Auseinandersetzung zusammen. Zeugnis dieser Beschäftigung ist schliesslich der 2001 veröffentlichte Band *Holder die Polder. Oden Elegien Andere*. Das Spannungsfeld zwischen alten Formen und zeitgemässen Inhalten wird zum lyrischen Experiment: in die historischen Gefässe fliessen, metrisch streng durchdacht, die Themen der Gegenwart. Unterdessen sind Allemanns jüngste Gedichte unter dem Titel *schœn! schœn!* erschienen. Der Metrikkünstler erweitert darin sein Formrepertoire um Sonette, Gesänge und freiere Formen – und hat heute das Gefühl, wieder in der Gegenwart angekommen zu sein.

Werke: Fuzzhase. Zürich 1988; Öz & Kco. Sieben fernmündliche Delirien, Zürich 1990; Babyficker. Erzählungen, Wien 1992; Holder die Polder. Oden Elegien Andere, Basel/Wien 2001; schœn! schœn! Basel/Wien 2003.

Literatur: Groddeck, Wolfram: Allemanns Oden, in: Zwischen den Zeilen. Eine Zeitschrift für Gedichte und ihre Poetik, hg. v. Urs Engeler, 8. Jg., Nr. 15, Basel/Weil a.R./Wien 2000.

GUIDO BACHMANN 1940

Mit der Bibel und dem Duden reist Guido Bachmann nach Madeira. Seine übrigen Bücher hat er dem Antiquar verhökert. Dann wird ihm auch der Duden zu viel, und er liest nur noch die Bibel. Als er kein Geld mehr hat, verlässt er die Insel, will nach Berlin und landet in Basel. Hier verdient sich der nun Dreiundreissigjährige, der in Bern aufgewachsen ist und das dortige Konservatorium besucht hat, seinen Lebensunterhalt als Musikjournalist bei den *Basler Nachrichten*. Daneben veröffentlicht er Erzählungen und schreibt an seiner stoff- und wortgewaltigen Trilogie *Zeit und Ewigkeit* weiter, deren erster Band *Gilgamesch* 1966 wegen der obsessiven und homoerotischen Passagen für einen Skandal gesorgt hat. 1978 erscheint *Die Parabel*, 1982 als letzter Band *Echnaton*. Als Theaterautor tritt Bachmann mit einem «Zwei-Personen-Katastrophenstück» in Erscheinung: *selbander* entsteht als Reaktion auf die Chemiekatastrophe von Schweizerhalle 1986. Was der Literaturkritiker Urs Allemann hier über *selbander* schreibt, gilt für viele Bachmann-Werke: «Es ist ein Stück über die katastrophisch verfaßte Condition humaine, über die als ewig vorgestellte Grund- und Grenzsituation Katastrophe, die mit einem anderen Wort Leben (und Zusammenleben) heißt.»[1] – 1990 ehrt die Stadt Basel den Schriftsteller für sein Gesamtwerk mit dem Literaturpreis.

Heute lebt Bachmann als freier Autor und Schauspieler in St. Gallen. Zu seinem 60. Geburtstag sind unter dem Titel *bedingt entlassen* seine autobiografischen Aufzeichnungen erschienen. Darin heisst es: «Mit meinem Erinnern hole ich mir Vergangenes herbei und vergesse es nicht ... Ich zwinge mein Scheitern herbei, das ich auf dem bürgerlichen Parkett erlebt habe: dieses Ausgleiten, jedesmal, wenn ich für Lohn gearbeitet habe – irgendwo: als Steward, als Schokoladenkartonbürstkratzer ... Es war immer ein Versagen, ein Ausgleiten, ein Hinfallen auf tückischem Belag. Ein kleiner Tod allzumal. Mancher kleine Tod, ein Goethesches Stirb und Werde: also doch kein trüber Gast auf dieser Erde?»[2]

Werke: Gilgamesch, Wiesbaden 1966 (überarbeitete Neuauflage, Basel 1977); Die Parabel, Basel 1978; Echnaton, Basel 1982; selbander, Basel 1988; bedingt entlassen, Basel 2000.

Literatur: Hug, Heinz: Guido Bachmann, in: Arnold, Heinz Ludwig (Hg.): Kritisches Lexikon zur deutschsprachigen Gegenwartsliteratur, Bd. 1, München 1978; Puff, Helmut: Auctor ludens. Zum Werk Guido Bachmanns, in: Groddeck, Wolfram / Allemann, Urs (Hg.): Schnittpunkte. Parallelen. Literatur und Literaturwissenschaft im ‹Schreibraum Basel›, Köln / Basel 1995.

JOHANN JACOB BACHOFEN 1815–1887

«Vollendete Demokratie ist der Untergang alles Guten ... Ich zittere vor ihrer Ausbildung, nicht um Hab' und Guts willen, sondern weil sie uns in die Barbarei zurückwirft.»[3] Nach zwei Jahren legt Johann Jacob Bachofen 1844 sein Grossratsmandat nieder. Nicht einverstanden ist er mit der Richtung, welche die schweizerische Politik im Allgemeinen und die baslerische im Besonderen nimmt. Bereits ein Jahr zuvor hat er seine Professur an der juristischen Fakultät aufgegeben, als einziges öffentliches Amt behält er seinen Richterstuhl am Strafgericht – um fortan in erster Linie als Privatgelehrter zu wirken.

Bachofen ist der Sohn eines schwerreichen Basler Seidenbandfabrikanten. Industrie und Wirtschaftswelt liegen ihm jedoch ebenso fern wie der Klassenkampf der Arbeiter. Seine Sehnsucht gilt einer friedlichen Welt, in der Gott noch anwesend ist, und nicht Krieg und Gewalt die naturgemässe Ordnung durcheinander bringen. Dem Unbehagen an der Zeit setzt er seine Beschäftigung mit der kulturellen Überlieferung entgegen. Anregungen findet Bachofen in seiner Auseinandersetzung mit der Antike, Anschauungsmaterial sammelt er auf seinen zahlreichen Reisen nach Griechenland und Italien, wo er eifrig Museen besucht, bis «aus der ungeheuren Fülle ihrer Reichthümer [der Museen] mehr und mehr Ein Gegenstand hervor[tritt], in welchem sich das Alterthum von seiner schönsten Seite darstellt, das Gräberwesen ... Unerschöpflich beinahe ist es, was sich Alles an die Gräber anknüpft. Man glaubt einen ganz speziellen Gegenstand der Kunst-Archäologie unter den Händen zu haben, und findet sich zuletzt in mitten einer wahren Universaldoctrin.»[4]

1859 veröffentlicht Bachofen den *Versuch über die Gräbersymbolik*, zwei Jahre später erscheint das *Mutterrecht*. Letzteres liegt heute in der neunten Auflage vor und wird von Feministinnen, Tiefenpsychologen und Marxisten gleichermassen diskutiert, damals liefert der Mythenforscher jedoch ein gewagtes Exempel unorthodoxer Gelehrsamkeit: Dass die Menschheitsgeschichte mit der Vorherrschaft der Frau beginne und die patriarchalische Familie nicht natürlich, sondern geschichtlich bedingt sei, sind unerhörte Thesen. Die Fachwelt ist irritiert, das Werk wird als Affront gegen die herrschende Wissenschaft verstanden. Spekulation und Rückfall in die vorwissenschaftliche Altertumsforschung, lautet das vernichtende Urteil. Bachofens Ruf als solider Gelehrter ist dahin. Seine Studien bedeuten aber auch Kritik am positivistisch ausgerichteten Lehrbetrieb, in dem historisch Gültigkeit hat, was objektiv überprüfbar ist. Bachofens Interesse hingegen richtet sich auf die Geschichte hinter den Ereignissen: auf anonyme

Mächte, sakrale Stimmungen, auf das Emotionale und Irrationale. Dies verbindet ihn denn auch mit Friedrich →**Nietzsche**, den der Mythenforscher in Basel kennen lernt. Bachofens Untersuchungen sind nicht nur wissenschaftlicher Forschertrieb; in seiner Beschäftigung sucht er auch die Vergewisserung seines Glaubensstandpunkts. In den autobiografischen Aufzeichnungen schreibt er: «Die religiöse Grundlage des ganzen alten Denkens und Lebens, das ist ... mein leitender Gedanke und mein großes Augenmerk geworden.»[5]

Mit fünfzig Jahren heiratet Bachofen die zwanzigjährige Luise Burckhardt, zieht mit ihr in das Haus ‹zur St. Johann Capelle› am Münsterplatz 2 und wird noch Vater eines Sohnes. Sein letztes Werk widmet sich den Römischen Grablampen. Es bleibt unvollendet.

Werke: Versuch über die Gräbersymbolik, Basel 1859; Das Mutterrecht, Stuttgart 1861.

Literatur: Blocher, Hermann: Autobiographische Aufzeichnungen von Professor Johann Jacob Bachofen, in: Basler Jahrbuch 1917, Basel 1916; Johann Jacob Bachofen. Begleitpublikation zur Ausstellung im Historischen Museum Basel, Basel 1987 (mit verschiedenen Aufsätzen zu Leben und Werk); Cesana, Andreas: Neuhumanismus in Basel. Gerlach, Bachofen, Burckhardt, Nietzsche und Overbeck, in: Geerk, Frank (Hg.): 2000 Jahre Humanismus. Der Humanismus als historische Bewegung, Basel 1998.

ULRICH BECHER 1910–1990

Sein Grossvater mütterlicherseits war der Pächter der berühmten Rütliwiese. Im Exil in Brasilien wird Ulrich Becher dann, als Reminiszenz an den bewunderten Ahn, vorübergehend Farmer. Aufgewachsen ist der Sohn eines Juristen und einer Pianistin aus Schwyz in Berlin. Dem Jurastudium zieht er bald eine Grafikerlehre bei George Grosz vor.* Schnell gehört Becher zum illustren Künstlerkreis, der sich in Grosz' Atelier trifft: der Theatermann Erwin Piscator, die Verleger Ernst Rowohlt und Wieland Herzfelde sowie dessen Bruder, der Künstler John Heartfield. Rowohlt publiziert denn auch Bechers erste Erzählsammlung *Männer machen Fehler.* Kaum veröffentlicht, brennt das viel versprechende Debüt auf dem Scheiterhaufen der ‹entarteten Literatur›. Becher verlässt Berlin, flüchtet in die Schweiz, dann nach Österreich. 1934 heiratet er in Wien Dana, die Tochter des berühmten Satirikers der Weimarer Zeit, Alexander Roda Roda. Das Paar hält sich abwechselnd in Wien und in der Innerschweiz auf. 1940 werden die Bechers von der eidgenössischen Fremdenpolizei aufgefordert, sich ein anderes Asylland zu suchen. Über Spanien und Portugal reisen sie nach Brasilien, wo Becher nicht nur Ackerbau betreibt, sondern auch journalistisch tätig ist. 1944 kommt Sohn Martin Roda zur Welt. Da lebt die Familie bereits in New York, wo Ulrich Becher seine Volksposse *Der Bockerer* schreibt, die für ihn den dramatischen Durchbruch bedeutet. Wien, wo das Stück seine Uraufführung feiert, wird zur ersten Station auf der Reise zurück nach Europa. In Basel lässt sich die Familie endgültig nieder. In seinem Erinnerungsbuch *Dauergäste* schreibt Sohn Martin Roda Becher, unterdessen selbst Schriftsteller: «Zwar hatte die Stadt ... mit ihren intakten mittelalterlichen Straßenzügen und traditionellen Fasnacht Uli tief beeindruckt ... doch früh hatte er die Enge, die Reserviertheit und Intriganz der alteingesessenen Bewohner bemerkt.»[6]

In seinem 1950 erschienenen New Yorker Zyklus *Nachtigall will zum Vater fliegen* lässt Ulrich Becher seinen Protagonisten für einen Tag nach Basel kommen. Seltsam mutet es den Besucher an, dass bereits im Juni Trommel- und Piccoloklänge durch die ruhigen Gassen hallen, als «plump mittelalterlicher Scherz»[7] erscheint ihm der Name ‹Gifthüttli› für das Wirtshaus mit Butzenscheiben; auf dem Münsterplatz hingegen verspürt er eine unvergleichliche Harmonie: «Die blitzsaubere gehegte Altehrwürde der zweistöckigen Bürgerpalästchen, die eben abgeblühten Kastanien, die reglose, von dumpfer Spannung geschwollene Schwüle, die die Illusion vertiefte, die Zeit stehe hier still, hier still, und zwar nicht für Minuten, eher für Jahrhunderte –.»[8] Fortan wirkt Becher als freier Schriftsteller. 1969 erscheint sein avanciertester Roman *Die Murmeljagd* – ein biografisch gefärbter, temperamentvoller Kriminal-, Ehe- und Emigrantenroman – angesiedelt vor dem Hintergrund der jüngeren (deutschen) Vergangenheit. 1983 folgt der letzte Erzählband *Vom Unzulänglichen der Wirklichkeit.* In den «10 nicht so nette[n] Geschichten» (Untertitel) zeigt sich Becher nochmals als fabulierender und gleichwohl genauer Beobachter, über dessen literarische Methode sein Freund Grosz schreibt: «Es ist Realismus, scharfe Beobachtung gemischt mit einer Art Nebel. Das Ende soll im Dunkel bleiben.»[9]

Werke: Männer machen Fehler, Berlin 1932 (Neuausgabe, Hamburg 1958); Der Bockerer, Wien 1946; Nachtigall will zum Vater fliegen. Ein Zyklus New Yorker Novellen in vier Nächten, Wien 1950; Murmeljagd, Reinbek bei Hamburg 1969; Vom Unzulänglichen der Wirklichkeit. 10 nicht so nette Geschichten, Basel 1983. – Becher, Ulrich / Grosz, George: Flaschenpost. Geschichte einer Freundschaft, Basel 1989. – Becher, Martin Roda: Dauergäste. Meine Familiengeschichte, Zürich 2000.

Literatur: Becher, Martin Roda: Der Spielmacher auf der Viermächteinsel. Mein Vater Ulrich Becher, in: Einspruch, 2. Jg., Nr. 10, August 1988.

* Aus der lebenslangen Freundschaft zwischen Grosz und Becher ging ein umfangreicher Briefwechsel hervor, der 1989 unter dem Titel *Flaschenpost* veröffentlicht wurde. Diese Geschichte einer Freundschaft ist zugleich auch ein Porträt des Jahrhunderts, gezeichnet und kommentiert von zwei scharf beobachtenden Zeitgenossen (s. Werke).

LORE BERGER 1921–1943

«Du sollst mir nur ein paar Stunden zuhören – denn meine Geschichte ist nicht lang und ihr Ende schon am Anfang vorauszusehen – und du sollst mit mir ein paar Schritte über den großen Hügel tun an einem Abend voll Wolken und Blumen»,[10] schreibt Lore Berger anstelle eines Vorworts. Sie ist einundzwanzig Jahre alt, als sie ihren ersten und einzigen Roman den Juroren des Literaturwettbewerbs der Zürcher Büchergilde Gutenberg vorlegt. Einen Monat später stürzt sie sich vom Wasserturm auf dem Bruderholz. Ihr Leben war so kurz, wie sie es in ihrer Geschichte prophezeit hat, ihren frühen Tod hat sie in ihrem Buch vorweggenommen. Literatur und Leben verdichten sich zu einem einzigen Werk: *Der barmherzige Hügel* – literarisches Leitmotiv und Lebenssymbol in einem. «Der große Hügel ist ein Paradies», lässt Berger ihre Protagonistin sagen, «es gibt hier keinen Gletscherbrand, keine Herzbeschwerden, kein Abstürzen oder Verunglücken. Still hängt oder erschießt sich von Zeit zu Zeit ein geschmackvoller Selbstmörder ... Nachher küssen sich dort wieder Liebespaare ... Mütter lassen ihre Kinder an dieser Stelle spielen.»[11]

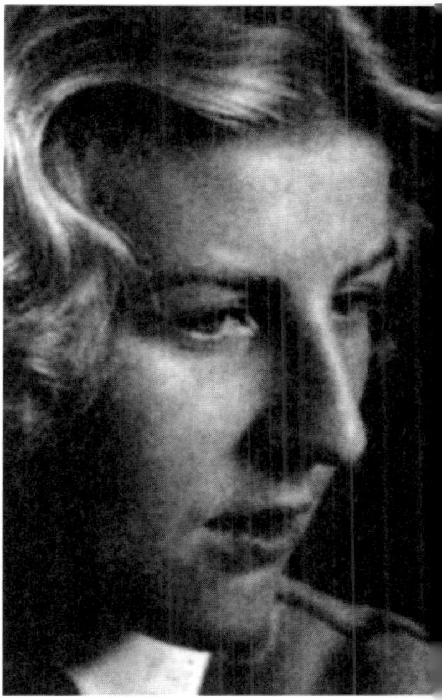

Am Fusse dieser Erhebung, deren höchsten Punkt der Wasserturm markiert, ist Lore Berger in einem bildungsbürgerlichen Milieu wohl behütet aufgewachsen. Mit siebzehn Jahren verliebt sie sich in den falschen Mann, verweigert das Essen, wiegt zuletzt noch dreissig Kilo. In ihrem Roman wird sie diese erste und prägende Liebeserfahrung zum zentralen Thema machen. Noch stärker als die Todessehnsucht ist vorerst die Sehnsucht nach dem Leben: «Ich fürchte mich vor beidem, vor dem Leben wie vor dem Tode ... Und doch ist nach der harten Zeit voll Leid eine furchtbare Gier nach Freude in mir, eine Ungeduld, ein unstillbarer Durst. Es müßte jetzt ein Paradies geben, einen goldenen Tag voll sprudelnd blauer Wasser und weiter, sanfter Hügel – »,[12] heisst es in ihrem Text.

Sie studiert Germanistik und Romanistik, veröffentlicht erste Gedichte und Kindergeschichten. 1941 meldet sie sich zum Frauenhilfsdienst und amtet bis 1943 als Bürolistin beim Territorialgericht. Auf der Rückseite der Akten entstehen erste Romanentwürfe. Am 19. Juli 1943 schickt sie ihr fertiges Typoskript an die Büchergilde Gutenberg in Zürich. Im Begleitbrief teilt sie mit: «Ich schrieb Selbsterlebtes ... Ich litt noch einmal und sah Altes neu –. Ich sah oft mehr, als ich wollte.»[13] Vor dem Hintergrund der Kriegsjahre schildert Lore Berger in Form eines fiktiven Tagebuchs eindrücklich die unglückliche Liebe ihrer Protagonistin Esther. Zwischen Lebensüberdruss und Liebesverlangen, Hoffnung und Todessehnsucht sucht die junge Frau nach einem Rest von lebenswertem Leben.

Zu persönlich, zu hoffnungslos und, angesichts des düsteren Weltgeschehens, zu wenig zuversichtlich, lautet das Urteil der Jury. Nach Bergers Aufsehen erregendem Tod empfiehlt sie den Roman 1944 dann aber doch zur Veröffentlichung. Die angemessene Würdigung findet *Der barmherzige Hügel* aber erst durch Charles Linsmayers Neuausgabe von 1981.

Werke: Der barmherzige Hügel, Zürich 1944 (Neuausgabe, Zürich 1999. Mit einem ausführlichen Nachwort v. Charles Linsmayer).

EMIL BEURMANN 1862–1951

«Widerborstig war dieser Beurmann immer gewesen. Ein Querschläger, der sich nie den gängigen Moden anschliessen wollte. Weder mit seiner Malerei noch auf dem Gebiet der Lokalpoesie.»[14] Im Tagebuch des Widerborstigen, das dieser 1942 unter dem Titel *Von Leuten und Sachen* veröffentlicht, heisst es: «[s]o muss ich sagen, es ist im ganzen ein schönes und glückliches Leben gewesen.»[15]

Der Sohn eines Tapezierers wächst am Klosterberg auf. Im Winter fährt er mit dem Schlitten über den gefrorenen Birsig zum Gymnasium, wo er das meiste, was er lernt, wieder vergisst, weil er es im Leben nicht gebrauchen kann. Er absolviert eine Lehre bei einem Dekorationsmaler, daneben nimmt er mit Lisa Ruutz, der späteren Schriftstellerin (→**Wenger**), bei Hans Sandreuter Malunterricht. Mehr als das Zeichnen interessieren ihn Lisas schillernde Berichte aus der Pariser Künstlerszene. Mit neunzehn Jahren reist er in die französische Metropole, haust in einer heruntergekommenen Dachkammer im Quartier Latin, lernt Albert Anker, Cuno Amiet und Giovanni Giacometti kennen.

Nach etlichen Lehr- und Wanderausflügen nach Deutschland, Frankreich, Italien, Spanien, Ägypten und in die Türkei, lässt sich der Maler endgültig in Basel nieder. Mit Porträts verdient er sein spärliches Geld. Die Aufträge «riechen» manchmal ein wenig nach «Fabrikarbeit», notiert er 1888 in sein Tagebuch: «Ich male zuerst die Originalporträts von Herrn und Frau G. Dann soll ich jedes der Bilder noch fünfmal kopieren, da jedes der Kinder die Porträts der Eltern haben will.»[16] Immerhin verdient er damit hundertfünfzig Franken.

Ein Jahr später eröffnet sich ihm ein weiterer Erwerbszweig: Sein Aufsatz über den Bildhauer Max Leu, den Gestalter des →**Hebel-Denkmals**, bringt ihm nicht nur fünfzehn Franken Honorar, sondern auch die Aufforderung, für die *National-Zeitung* weitere Beiträge zu verfassen. Etwa zur selben Zeit veröffentlicht Beurmann gemeinsam mit seinem ehemaligen Lehrer Albert Gessler anonym den Lyrikband *Jugendthorheit*, dessen erstes Gedicht ganz uneitel beginnt: «Zwei lyrische Dichter? –/Das ist's was just der Welt am meisten fehlte – ».[17] Seinen Ruhm als Stadtpoet verdankt Beurmann aber den schmissigen Stadtglossen, die er regelmässig in der *National-Zeitung* publiziert, und seinen launigen Versen, in denen er wöchentlich das aktuelle Tagesgeschehen kommentiert. Oft sehnt sich ‹Beuz›, wie er sein schreibendes Ich auch nennt, in seinen Gedichten mit Wehmut nach dem alten Basel, der Stadtidylle von einst. In *Alt Basel stirbt* heisst es: «Ehrwürd'ger Rheinstadt Eigenart und Prägung –/Ein Narr, wer noch an solchen Dingen klebt./Heut' gilt nur radikale Niederlegung/und Neubau nach dem Allerweltsrezept.»[18]

Ganz ins alte Basel eintauchen kann er 1892, im fünfhundertsten Jubiläumsjahr der Vereinigung von Gross- und Kleinbasel: Er entwirft die Kostüme für den Festumzug und für Rudolf →**Wackernagels** Festspiel. Wenig später holt ihn die Theatergenossenschaft in den Vorstand und betraut ihn mit der Verwaltung des Kostüm-Fundus. Von Beurmanns Theaterliebe erzählen viele seiner Glossen und Gedichte, keine Premiere lässt er fortan mehr aus. An der Wettsteinallee, wo er mit seiner fünfundzwanzig Jahre jüngeren Gattin lebt, empfängt er Richard Strauss, Max Reinhardt und Arthur Schnitzler. Und mit fünfundsiebzig Jahren geht er schliesslich noch unter die Operettendichter: Für das Basler Stadttheater überträgt er Nestroys *Lumpacivagabundus* in Mundart, Hans Haug liefert die Musik dazu, die Aufführung wird ein Publikumserfolg.

Werke: Jugendthorheit. Gedichte zweier Freunde, Basel 1891; So sah es Beuz. Gedichte, Basel 1941; Von Leuten und Sachen, Basel 1942; E liederlig Kleeblatt. Operette in drei Akten, frei nach Nestroy für die Schweizer Bühne bearb. v. Emil Beurmann, Musik v. Hans Haug, Basel 1950.

Literatur: Steuri, Eduard: Emil Beurmann, der Dichtermaler, in: Basler Jahrbuch 1952, Basel 1953; Leuzinger, Fridolin (Hg.): Emil Beurmann, Basel 1990; Jenny, Hans A.: Emil Beurmann, in: Basler Originale, Basel 1996.

SIXT BIRCK 1500(?)–1554

Am Fischmarkt ist im Jahre 1532 etwas los: Mitten im Brunnen sitzt ein Mann und vergnügt sich. Er spielt die heilige Susanna, die, so erzählt es Prophet Daniel in seinen apokryphen Büchern, zwei lüsterne Freier abwies und aus Rache von diesen des Ehebruchs bezichtigt wurde. Vor der Vollstreckung des Todesurteils rettete Daniel jedoch die Keusche. *Die Historia von der frommen und gottesfürchtigen Frauen Susanna* wird in Basel über dreissig Mal gespielt und kommt auch sogleich in Druck. Der Verfasser ist Sixt Birck – oder latinisiert: Xystus Betul(e)ius. Der Augsburger Tuchmachersohn kommt 1521 nach Basel, studiert Theologie, Rechtswissenschaften, hebräische und griechische Philologie; seine Lehrer sind Johannes →**Oekolampad**, Bonifacius Amerbach und →**Glareanus**. Bevor Birck als Theaterautor reüssiert, wirkt er als Korrektor in den Offizinen von Froben und Cratander. Später wird er Rektor des Pädagogiums. Während seiner Basler Lehrtätigkeit verfasst er sechs Theaterstücke, von denen vermutlich nur *Susanna* öffentlich gezeigt wird. Wie seine Glaubensbrüder Pamphilus →**Gengenbach**, Valentin →**Boltz** und Johannes →**Kollros** verarbeitet auch Birck, der bis 1536 in Basel bleibt, in seinen Stücken biblische Historien – damals der typische Stoff des protestantischen Tendenzdramas. Zusammen mit Kollros gehört er zu den ersten deutschen Dramatikern, die den Chor auf die Bühne bringen. Mangels einer fixen Spielstätte werden die Stücke auf Plätzen (Münsterplatz, Fischmarkt, Kornplatz) gezeigt. Die Agierenden sind meist junge Bürger, die Regie übernimmt in der Regel der Verfasser selbst. Die Aufführungen, besucht von allen Ständen, «wurden ganz Eigenthum des Volks, und wie die Erwachsenen ihre Spiele gaben, so hatten sie auch die Studenten ..., so hatten sie auch die Schüler in und außer der Schule»[19] (→**Platter**). Mit der Ankunft des Wandertheaters zu Beginn des 17. Jahrhunderts verliert sich das Interesse von Volk und Autor an den eigenen Produktionen; entsprechend werden die Basler Dichter des 17. Jahrhunderts denn auch die epische Gattung der dramatischen vorziehen.

Werke: Sämtliche Dramen, 3 Bde., hg. v. Manfred Brauneck, Berlin 1969–1980.

VALENTIN BOLTZ 1500(?)–1560(?)

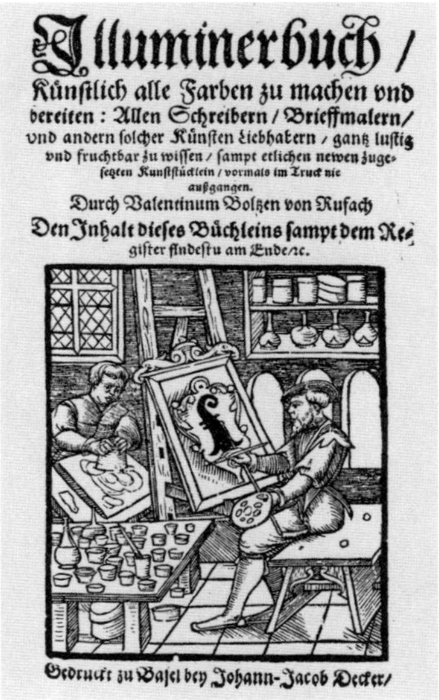

«Es war ein strahlender Tag, an dem das Spiel von der Bekehrung Pauli öffentlich ... mit grosser Pracht aufgeführt wurde; der Rat bestimmte den Spielplatz und ließ ihn mit Holzschranken umgeben, innerhalb deren die Vornehmen samt den Ratsherren Platz genommen hatten; das gemeine Volk aber schaute von drei schrägen hölzernen Brügen zu»,[20] notiert Johannes **→Gast**, Pfarrer und Chronist, am 6. Juni 1546 in sein Tagebuch. Auf der Bühne am Kornmarkt (heute Marktplatz) wird die Bekehrung des Saulus gezeigt. Verfasst und inszeniert hat dieses Theaterspektakel mit siebzig Sprechrollen der Spitalpfarrer Valentin Boltz. Im Publikum sitzt auch der zehnjährige Felix Platter. In seinen Memoiren erinnert er sich an den spektakulären Höhepunkt, als aus dem «runden himmel, der hieng oben am Pfuwen [Haus ‹Pfauenburg› am Marktplatz], dorus der strol schoß, ein fürige racketen, so dem Saulo, alß er vom roß fiel, die hosen anzündet.»[21]

Boltz kommt 1545 nach Basel, wo er während rund acht Jahren mit seinem scharfen «Kanzelwort wie mit seinen Spielen die Sache der Masse Volk führt.»[22] Für den aus dem elsässischen Ruf(f)ach stammenden Pfarrer ist Basel eine Station unter vielen. Innerhalb von sechundzwanzig Jahren predigt er in elf verschiedenen Gemeinden Deutschlands und der Schweiz. Was ihn zeitlebens treu begleitet, ist seine Theaterleidenschaft. Bereits 1550 kommt in Basel sein zweites Stück zur Aufführung – ein revueartiger Sechsakter mit hundertfünfzig Sprechrollen. Im *Welt Spiegel*, gedruckt 1550, treten personifizierte Laster und Tugenden auf; die dreizehn alten Orte der Eidgenossenschaft werden dargestellt, Kartenspieler in die Hölle geschleppt, Beatus Rhenanus, der Freund von Erasmus, rügt die liederlichen Studenten, vermeintlich untreue Eheweiber werden geprügelt – am Ende werden alle vom Knochengerippe mit der Sense niedergemäht.

Für den volksnahen Pfarrer, dem ein lockerer Lebenswandel nachgesagt wird, ist die Bühne eine moralische Plattform, auf der sich mit theatralen Mitteln predigen lässt. Geradezu ketzerisch mutet es an, wenn der theaterbegeisterte Christ behauptet, «die schöne Kunst des Schauspiels habe uns Gott durch die gelehrten Heiden gegeben, und wer sie verachte, verachte Gott selbst.»[23]

Werke: Mohr, Fritz: Die Dramen des Valentin Boltz, Diss., Basel 1916.

Literatur: Bossert, Gustav: Zur Biographie des Dichters Valentin Boltz von Ruffach, in: Zeitschrift für die Geschichte des Oberrheins, NF. Bd. 14, 1899.

WOLFGANG BORCHERT 1921–1947

Die letzten zwei Monate seines kurzen Lebens verbringt Wolfgang Borchert in Basel. Hamburger Freunde ermöglichen dem schwer Kranken einen Kuraufenthalt im Clara-Spital. Seine Mutter darf ihn nur bis zur Grenze begleiten. Dann ist er allein. Und er fühlt sich allein. Die Elbe fehlt ihm, er versteht den fremden Dialekt nicht, hat kein Geld für Briefmarken und Schreibpapier. Er kennt niemanden, und niemand kennt ihn. Die Zeiten sind schlecht für einen Deutschen in der Schweiz.

Mit zwanzig Jahren hat man Borchert in die Wehrmacht eingezogen, zum Panzergrenadier gemacht und an die Ostfront geschickt. Sein grosser Traum, als Schauspieler erfolgreich zu werden, ist damit fürs Erste aus. Er wird sich nicht mehr erfüllen. Borchert leidet an Gelbsucht und hat eine Schussverletzung an der Hand. Er wird beschuldigt, sich durch Selbstverstümmelung dem Dienst entziehen zu wollen, und bis zum Prozess drei Monate in Einzelhaft gesteckt. Dem Freispruch folgt die Rückkehr ins Feld. Sein Gesundheitszustand ist schlecht. Immer wieder zwingt ihn die Gelbsucht zu Lazarettaufenthalten. Eine Parodie auf den Reichsminister für Volksaufklärung und Propaganda, Joseph Goebbels, bringt ihm erneut eine monatelange Haftstrafe ein. Im September 1944 wird er zur ‹Feindbewährung› entlassen.

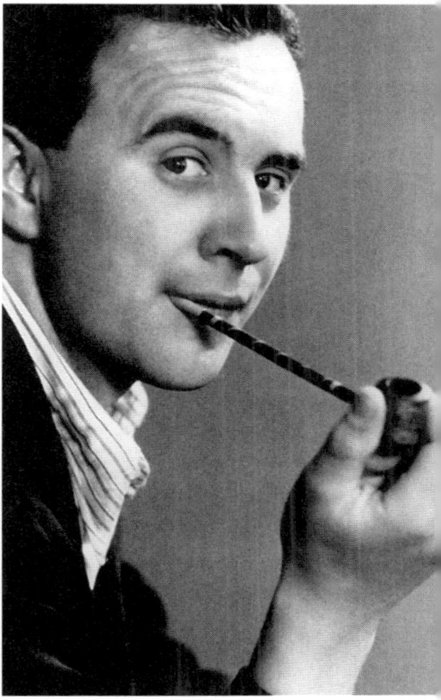

Nach der Kapitulation seiner Einheit, im Frühling 1945 bei Frankfurt am Main, gelingt ihm auf dem Weg in französische Gefangenschaft die Flucht. Zu Fuss legt er die sechshundert Kilometer nach Hamburg zurück, wo er am Ende seiner Kräfte angelangt. Zunächst versucht er, sein altes Leben wieder aufzunehmen. Er übernimmt eine Regieassistenz, tritt als Kabarettist auf. Aber bald fesselt ihn die Krankheit definitiv ans Bett. Die Ärzte des Hamburger Elisabeth Krankenhauses geben ihm Anfang 1946 nur noch ein Jahr.

Er schreibt jetzt hastig, schnell, atemlos auf die Rückseite von Briefen, Notizzetteln und Umschlägen. Das Papier ist knapp. *Die Hundeblume* aus dem gleichnamigen Erzählband entsteht. Danach skizziert er in rascher Folge weitere Prosastücke, im Dezember 1946 erscheint seine erste Gedichtsammlung: *Laterne, Nacht und Sterne*. Im Januar 1947, innerhalb von acht Tagen, verfasst er sein Heimkehrer-Drama *Draussen vor der Tür*, das schnell zum Kultstück seiner ‹verlorenen› Generation wird. Im September reist er in die Schweiz. In Basel entsteht sein literarisches Vermächtnis: ein Friedensappell, verfasst von einem, der weiss, was Krieg bedeutet. In vierzehn Aufforderungen, gerichtet an den Mann hinter der Maschine und an den Fabrikbesitzer, an das Mädchen hinter dem Ladentisch und an den Forscher, an den Dichter in der Stube, an die Mütter in der Welt und den Pfarrer auf der Kanzel, erklingt sein letztes Aufbegehren gegen die Zerstörung allen Lebens. In düsteren Bildern zeichnet Borchert eine Welt, in der die Sonne giftig glüht, die Gestirne wanken, Städte veröden und der letzte Schrei des letzten Menschen verstummt – «all dieses wird eintreffen, morgen, morgen vielleicht, vielleicht heute nacht schon, vielleicht heute nacht, wenn – wenn – wenn ihr nicht NEIN sagt.»[24]

Werke: Das Gesamtwerk, Mit einem biographischen Nachwort v. Bernhard Meyer-Marwitz, Hamburg u.a. 1949.

Literatur: Rühmkorf, Peter: Wolfgang Borchert, Reinbek bei Hamburg 1991.

RAINER BRAMBACH 1917–1983

Über dem Stammtisch hängt sein Porträt – als Reminiszenz an all die Nächte, in denen hier Poesie entstanden ist.

Es ist an einem Nachmittag, die Mittagsgäste des ‹St. Alban-Eck› sind längst gegangen. Rainer Brambach sitzt mit seinem Dichterkollegen Frank Geerk bei einem frühen Glas Wein, als unvermittelt ein Vers den andern ergibt. Der Auftakt ist gemacht. Weitere Vierzeiler entstehen, im ‹St. Alban-Stübli› gleich um die Ecke oder in der ‹Taverne Valaisanne› im St. Johannsquartier, wohin es die Dichter zieht – spätabends, oder schon wieder früh am Morgen.

1974 erscheinen die poetischen Ergebnisse langer Nächte gesammelt als *Kneipenlieder*: weinselige Wahrheiten, schräg und zuweilen auch traurig, weil so vergänglich wie der Wein auch das Leben ist. Wo die Kneipenlieder literarisch einzureihen sind? «Trockene Leute verstehen sie nicht, Säufer noch weniger, Bibliotheken können sie nicht klassifizieren – am besten nimmt man sie mit in Weinberge, in jene grünen Regale»,[25] schreiben die Verfasser im Vorwort. Für Brambach ist die Kneipe bevorzugter Schreibort, das Dichten ist ihm so selbstverständlich wie der Alltag, von dem seine Verse erzählen. «Gedichte zu schreiben, war für ihn schon fast eine Art Existenzbeweis», sagt sein Dichterfreund, «nutzlos zwar, aber darum nicht minder lebensnotwendig.»[26]

Als Sohn eines deutschen Klavierstimmers und einer Herrschaftsköchin wird Brambach, der keinen Schweizer Pass besitzt, kurz vor dem Zweiten Weltkrieg wegen unflätigem Verhalten des Landes verwiesen. 1939 ereilt ihn in Stuttgart ein Stellungsbefehl. Er desertiert, kommt zurück nach Basel und wird als politischer Flüchtling interniert. Über Deutschland und seine Gefangenschaft schweigt er in seinen Gedichten. Nach dem Krieg arbeitet er in einem Grafikatelier, erste Verse entstehen, Brambach entdeckt die Lyrik Günter Eichs. Über dessen Vermittlung veröffentlicht er 1954 in der Literaturzeitschrift *Akzente* seine ersten Gedichte, fünf Jahre später erscheint sein Band *Tagwerk*. Mit Jürg **→Federspiel** publiziert er 1968, nach einer längeren Schreibpause, die Sammlung *Marco Polos Koffer*. 1972 veröffentlicht Brambach seinen Prosaband *Für sechs Tassen Kaffee*.

Von Basel erzählen seine Geschichten und Gedichte, von Quartieren und von der St. Alban-Vorstadt, wo nicht nur Brambach, sondern auch Jacob **→Burckhardt**, Hermann **→Hesse**, Friedrich **→Dürrenmatt**, Siegfried **→Lang** und Jürg Federspiel gewohnt haben. Von Spelunken und Quartalssäufern schreibt er und von dem scheinbar Gereimten, das stets voller Ungereimtheit ist. Das Schwierige einfach sagen: Diese pragmatische Poetologie eignet sich Brambach nicht an einer Universität an, er findet sie beiläufig in seinem Leben als Torfstecher, Gartenbauarbeiter, Steinhauer, Möbelträger, Maler und am Ende als freier Schriftsteller.

1982 erhält er den Kunstpreis der Stadt Basel. Kurz vor seinem Tod erscheint sein Gedichtband *Auch im April.* Darin heisst es: «Ich mit meiner Prosa, / ich mit meinen Versen / und auch sonst einfach ich – / Aber jene Treppe aus Granit, / ihre zwölf Stufen, / ... / vor gut zwanzig Jahren / habe ich sie erstellt. / Ich war ein Gartenbauarbeiter, / ich habe Bleibendes geschaffen.»[27]

Werke: Heiterkeit im Garten. Das gesamte Werk. Gedichte, Prosa, dramatische Versuche, Essays und ausgewählte Briefe, hg. und mit einem Nachwort v. Frank Geerk, Zürich 1989.

SEBASTIAN BRANT 1457–1521

Narragonien ist ein Schlaraffenland für Sünder. Dort gedeihen Vielweiberei und andere Leidenschaften, es herrscht gottlose Anarchie und üppige Lasterhaftigkeit. Wo dieses Land liegt? Narragonien ist überall, stellt Sebastian Brant mit Schaudern fest – und greift zur Feder. Überzeugt von der Kraft des Wortes, hofft der Katholik, mit seiner didaktischen Schrift die verkommene Welt zu retten. 1494 erscheint das *Narrenschiff.* In hundertzwölf Kapiteln präsentiert der Frühhumanist die sieben Todsünden, also alle denkbaren Verfehlungen, deren der Mensch fähig ist. Als Leitmotiv wählt er das alte Sinnbild des Lebensschiffes. Dort treffen sich Narr und Närrin, um nach Narragonien aufzubrechen, oder aus brantscher Glaubenssicht: um das Meer der Sünden zu durchqueren. Vom Erziehungsauftrag durchdrungen, hält Brant dem Menschen einen Spiegel vor und möchte ihn zur Selbsterkenntnis führen.

Als das *Narrenschiff* zu seiner Erfolgsfahrt ansetzt – bereits im ersten Jahr erlebt die Moralsatire fünf Nachdrucke, später kursieren Raubdrucke, Bearbeitungen und Übersetzungen ins Lateinische, Französische, Englische und Niederländische – ist Brant in seiner Wahlheimat kein Unbekannter mehr. Mit fünfzehn Jahren kommt der Strassburger Gastwirtsohn nach Basel, studiert an der noch jungen Universität Jurisprudenz. 1489 erwirbt er das Haus ‹zum Sunnenlufft› an der Augustinergasse 1 (→**Hochhuth**), wo er mit seiner Frau und einer wachsenden Kinderschar – zuletzt sind es sieben – bis zu seinem Wegzug lebt. Nach der Promotion erhält Brant eine ausserordentliche Professur an der Juristischen Fakultät, hält daneben Poesie-Vorlesungen und ist in der Stadt als Advokat und Richter tätig. Als Publizist warnt er auf Flugblättern vor der ‹Lustseuche› Syphilis, und als Verehrer Marias vertritt er das Dogma der unbefleckten Empfängnis. Im aufstrebenden Druckereigewerbe wirkt er als Lektor, Übersetzer, Berater und Mitherausgeber von Petrarcas Schriften (→**Zum Sessel**), bei Johann Bergmann von Olpe erscheint dann sein *Narrenschiff.*

An der Schwelle zwischen Mittelalter und Neuzeit stehend, vertritt Brant eine konservative Lebensauffassung, die noch stark vom mittelalterlichen Denken geprägt ist. Gleichwohl nutzt er das brandneue Medium Buch, um seine Botschaften zu verbreiten. Im *Narrenschiff* verbinden sich zum ersten Mal gedrucktes Wort und Bild. Nicht nur der junge Albrecht Dürer, von dem die meisten der Holzschnitte stammen, kommt so zu einem Auftrag; auch Analphabeten – die Mehrheit der Bevölkerung – können mit Gewinn im Buch der Narren blättern.

Als Basel 1501 der Eidgenossenschaft beitritt, hat der reichstreue Gelehrte die Stadt bereits verlassen. In Strassburg, wohin er zurückkehrt, wird er Rechtskonsulent und bald auch Stadtschreiber. Kaiser Maximilian I. beruft ihn schliesslich zum Rat.

In Basel erinnert heute noch die Buchhandlung ‹Narrenschiff› an den ersten Bestsellerautor im anbrechenden Zeitalter des Buchdrucks.

Werke: Das *Narrenschiff* liegt in verschiedenen Editionen vor. Eine handliche Ausgabe hat Manfred Lemmer in der Insel-Bücherei herausgegeben, versehen mit einer Einführung in Leben und Wirken von Sebastian Brant. Der Band liegt in 3. Aufl., Frankfurt a.M. 1994 vor. Ebenfalls von Manfred Lemmer herausgegeben ist der Band: Das Narrenschiff. Nach der Erstausgabe mit den Zusätzen der Ausgaben von 1495 und 1499 sowie den Holzschnitten der deutschen Originalausgabe. 3. erw. Aufl., Tübingen 1986.

Literatur: Wilhelmi, Thomas (Hg.): Sebastian Brant. Forschungsbeiträge zu seinem Leben, zum *Narrenschiff* und zum übrigen Werk, Basel 2002. – Vergriffen und nur noch antiquarisch zu erhalten ist der in der Basler Papiermühle gesetzte und gedruckte Katalog zum 500. Jubiläum des Buches: La Nef des Folz/das Narren Schyff, Basel 1994.

JACOB BURCKHARDT 1818–1897

In klaren Nächten kommt es vor, dass er die Tischlampe löscht, das Fenster öffnet und den hellen Mondschein in sein Zimmer lässt. Jacob Burckhardt ist ein sinnlicher Gelehrter. Seinem Studenten Arnold von Salis, dem späteren Theologieprofessor, verrät er einmal: «Ich liebe das Wissenschaftliche; aber nicht das Streng-Wissenschaftliche.»[28] Dazwischen liegen Gelehrtenwelten: Wie Johann Jacob **→Bachofen**, so zweifelt auch Burckhardt an einem Wissenschaftsbetrieb, der sich nur nach nüchternen Fakten und Daten ausrichtet. In seinen Vorlesungen lebt die Wissenschaft, weil er «alles menschlich Interessante und Bedeutende hervorhebt mit lebensvoller Plastik und künstlerischer Gestaltung, einzelne Charaktere, dramatisch-bewegte Szenen, komische und tragische Situationen und Vorgänge, Zitate aus originalen Quellenschriften und Memoiren»,[29] schreibt von Salis. Der Dozent selbst schwört sich mit vierundzwanzig Jahren, lebenslang einen lesbaren Stil zu schreiben und «überhaupt mehr auf das Interessante als auf trockne faktische Vollständigkeit auszugehen.»[30]

Nach einem abgebrochenen Theologiestudium wechselt der Pfarrerssohn zur Klassischen Philologie. Vier Jahre studiert er in Berlin, promoviert in Basel und wird ausserordentlicher Professor für Geschichte. Er schreibt für die *Basler Zeitung*, hält Vorlesungen und öffentliche Vorträge. Wer in Basel Geist beweisen will, besucht diese Veranstaltungen: Burckhardt referiert vor vollen Reihen über das Mittelalter und die Malerei, über Friedrich den Grossen und Morus' utopische Gesellschaftsformen. Von 1853 bis 1854 hält er sich in seinem Lieblingsland Italien auf. Anlass dazu gibt ihm ein Buchvorhaben. Vor Ort und aus eigener Anschauung will Burckhardt einen kunsthistorischen Reiseführer verfassen. 1855 erscheint der *Cicerone* mit dem Untertitel *Eine Anleitung zum Genuss der Kunstwerke Italiens*. Während seinen Forschungsstudien publiziert er anonym *E Hämpfeli Lieder*. Die zwölf Mundartgedichte hat Burckhardt in Erinnerung an die Bürgermeistertochter Margarethe verfasst – seine unglückliche Liebe, die so kurz währte wie seine Existenz als Lyriker.* Dies hält ihn indes nicht davon ab, weiter über Poetologisches nachzudenken und junge Autoren und Autorinnen (**→Kron**) in Sachen Dichtkunst zu beraten. 1858 endlich erhält er in Basel eine ordentliche Geschichtsprofessur und zwölf Jahre später auch den kunstgeschichtlichen Lehrstuhl. Das 1860 erschienene, äusserst einflussreiche Werk *Die Cultur der Renaissance in Italien*, das zu seinen Lebzeiten fünf Auflagen erreicht, macht ihn zum Begründer der Kulturgeschichtsschreibung.

Unterdessen ist der fünfundzwanzigjährige Friedrich **→Nietzsche** nach Basel gekommen. Dieser mokiert sich über den Lebenswandel seines hoch geschätzten Amtskollegen: Als vermögender Mann hause der Junggeselle «in der geschmacklosesten Dürftigkeit» und gehe allabendlich «zu den Basler Philistern in die Bierstube.»[31] In seiner Stube übrigens trinkt Burckhardt lieber einen Châteauneuf-du-Pape. Dort empfängt er auch seine Gäste, illustre Wissenschaftler ebenso wie junge Studenten. Bei solchen zwanglosen Zusammenkünften sprühen seine geistvollen Bemerkungen über Tagesereignisse, aber auch Pessimistisches ist zu hören: «Nur vermeide man den verdammten Optimismus, diese einzige Waffe des Fortschritts ... Das Unerträgliche macht er den Menschen annehmbar.»[32] Über zwanzig Jahre wohnt Burckhardt in seiner bescheidenen Junggesellenwohnung in der St. Alban-Vorstadt 64. Nach einem Treppensturz zieht er in ein vornehmeres Logis am Aeschengraben 6. An einem Sonntagmorgen stirbt er dort in seinem Lehnstuhl.

Werke: E Hämpfeli Lieder, Basel 1853; Der Cicerone, Basel 1855; Die Cultur der Renaissance in Italien, Basel 1860.

Literatur: von Salis, Arnold: Zum hundertsten Geburtstag Jacob Burckhardt's. Erinnerungen eines alten Schülers, in: Basler Jahrbuch 1918. Basel o.J. ; Guggisberg, Hans R. (Hg.): Umgang mit Jacob Burckhardt. Zwölf Studien, Basel 1994.

* Ebenfalls anonym veröffentlicht Burckhardt bereits 1849 die Gedichtsammlung *Ferien* mit dreissig lyrischen Erinnerungen an Ferienausflüge.

SEBASTIAN CASTELLIO 1515–1563

«Das Unsichere für sicher zu halten und nicht zu bezweifeln, ist nicht nur kühn, sondern auch sehr gefährlich ... Nun gibt es aber auch in der Religion unsichere und noch mehr unklare Dinge. Über sie nicht zu zweifeln, ist ebenfalls kühn und sehr gefährlich»,[33] schreibt Sebastian Castellio in *De arte dubitandi*. Diese kurz vor seinem Tod verfasste Schrift ist ein Plädoyer für das Recht zu zweifeln. Ein programmatisches Resümee am Ende eines Lebens voller Unsicherheiten?

Der Sohn einfacher Landleute aus Savoyen geht zuerst nach Lyon. Dort lernt er Latein und Griechisch, entdeckt für sich die italienische Dichtung. Und er sieht zum ersten Mal einen Ketzer brennen. Später, in Genf, begegnet er Calvin, schliesst sich ihm an, wird sein Vertrauter. Unterschiedliche Glaubenshaltungen führen bald zu Differenzen: Anders als der doktrinäre Kirchenvater begreift Castellio den Glauben als eine Sache des freien Willens. Er muss Genf verlassen, kommt nach Basel, wo sich bereits andere Glaubensflüchtlinge zusammengefunden haben. Unter kärglichen Umständen lebt er mit seiner Frau und den zahlreichen Kindern im St. Alban-Tal, fischt Treibholz aus dem Rhein, um die Hütte zu heizen. Geld verdient er als Setzer und Korrektor, daneben überträgt er die Bibel ins Französische.

1553 wird im calvinistischen Genf der Laientheologe Michael Servet öffentlich verbrannt. Die Kunde dringt schnell nach Basel. Als Antwort auf den Feuertod erscheint eine Schrift mit dem Titel *De haereticis, an sint persequendi*. Fiktiver Druckort ist Magdeburg, das bald als Basel entlarvt wird. *Von den Ketzern* ist eine Sammlung von Stellungnahmen, in denen der Umgang mit Häretikern diskutiert wird. Neben Texten von frühchristlichen Kirchenvätern melden sich zeitgenössische Autoren zu Wort: →**Erasmus**, Luther, Curione, das geistige Haupt der italienischen Flüchtlingsgemeinde in Basel, und Sebastian →**Franck**. Den entscheidendsten, weil entschiedensten Beitrag liefert der Herausgeber Martinus Bellius in seinem Vorwort. Unmissverständlich lehnt er jegliche Tötung eines Menschen ab und fügt hinzu: «Je besser einer die Wahrheit kennt, desto weniger neigt er dazu, andere zu verurteilen ... Wer jedoch andere mit Leichtigkeit verurteilt, zeigt gerade dadurch, dass er nichts weiss, da er die andern nicht erdulden kann.»[34] Der Verfasser weist nach, dass Ketzertötungen widerchristlich sind. «Einen Menschen töten heisst nicht eine Lehre verteidigen, sondern einen Menschen töten.»[35] Der Herausgeber ‹Bellius› entpuppt sich bald als Castellio. Die Wirkung seiner Kampagne wider religiöse Intoleranz wirkt weit über die Rheinstadt hinaus: Die Debatte um Freiheit und Glauben ist eröffnet, ihr kühner Initiant bald gefährdet. Castellios Suche nach der «Echtheit des Subjektiven in der Religion»[36] muss Calvin und dessen Anhänger provozieren. 1563 wird Castellio der Ketzerei angeklagt. Sein Tod kommt dem Prozess jedoch zuvor. Die Basler Obrigkeit verhindert danach die Veröffentlichung seiner Schriften, die sie als «religionswidrig» verurteilt. Der Verfechter der Toleranzidee gerät in Vergessenheit. 1852 widmet der Lokalpoet und Pfarrer Friedrich Oser im *Basler Taschenbuch* Castellio ein Gedicht. Zehn Jahre später veröffentlicht der Altphilologe Jakob Achilles →**Mähly** einen schmalen Band: *Sebastian Castellio, biographischer Versuch nach den Quellen.* Und seit 1982 erinnert im St. Alban-Tal das ‹Castellioweglein› an den unbeirrten Zweifler.

Werke: Von den Ketzern, in: Köhler, Hans-Joachim: Flugschriften des späteren 16. Jahrhunderts, Mikrofichen, Leiden 1990.

Literatur: Mähly, Jakob Achilles: Sebastian Castellio, biographischer Versuch nach den Quellen, Basel 1862; Zweig, Stefan: Castellio gegen Calvin oder Ein Gewissen gegen die Gewalt, Wien 1936; Kaegi, Werner: Castellio und die Anfänge der Toleranz, in: Basler Universitätsreden, 32. Heft, Basel 1953; Guggisberg, Hans R.: Sebastian Castellio. 1515–1563. Humanist und Verteidiger der religiösen Toleranz im konfessionellen Zeitalter, Göttingen 1997.

MARTIN R. DEAN 1955

In der Elisabethenkirche steht sonntags zuweilen kein Pfarrer, sondern ein Dichter auf der Kanzel.* Im Anfang war schliesslich das Wort. Zu diesen Schriftstellern gehört Martin R. Dean. Im September 2002 hat er eine solche ‹Predigt› gehalten. Seine Aufmerksamkeit gilt den Vätern und ihren schreibenden Nachkommen.

Auch in seinem jüngsten Werk beschäftigt sich Dean mit der Väterproblematik. *Meine Väter* handelt von einer Vatersuche. Fiktionales vermischt sich darin mit Biografischem. Als Schriftsteller, so Dean, könne man nicht anders, als erfindend über sein Leben zu erzählen. Er selbst ist ein Sohn zweier Väter. Beim einen wächst er auf, den leiblichen lernt er erst kennen, als dieser die Sprache verloren hat und so «seine und meine Geschichte in seinem Schweigen vergrub.»[37]

Der Autor wächst im Aargau auf, in Basel studiert er Germanistik, Philosophie und Ethnologie. 1982 veröffentlicht er sein viel beachtetes Romandebüt *Die verborgenen Gärten,* in welchem er den Protagonisten in eine einsame provenzalische Villa reisen lässt. Dort sucht er schreibend sich seiner selbst zu vergewissern. Ein Akt, der auch für Deans späteres Schaffen weiterhin Gültigkeit behält. Zwei Jahre später folgt der Erzählband *Die gefiederte Frau. Fünf Variationen über die Liebe.* 1992 wohnt Dean als Stadtbeobachter in Zug, die Jahre 1997–1998 verbringt er als ‹Poet in Residence› an der Universität Essen.

Unterdessen ist der Autor selbst Vater und lebt mit der Literaturwissenschaftlerin Silvia Henke noch immer in Basel. Nebenberuflich unterrichtet er am Gymnasium Deutsch, hauptberuflich ist er Schriftsteller, hat mehrere Romane, Essaybände und ein Theaterstück veröffentlicht. Ob er wohl bei stabilen Vaterverhältnissen auch zum Schreiben gedrängt worden wäre, fragt er sich in seiner Kirchenrede und antwortet: «Ob man für oder gegen die väterliche Autorität zur eigenen Sprache kommt ist nicht entscheidend. Wohl aber, dass es einem irgendeines Tages gelingt, die Vaterlücke so umzuarbeiten, dass sie sprechend wird. Zu einem fortlaufenden, vielleicht lebenslänglichen Text.»[38]

Werke: Die verborgenen Gärten, München/Wien 1982; Die gefiederte Frau. Fünf Variationen über die Liebe, München/Wien 1984; Meine Väter, München/Wien 2003.

* Bereits in den Jahren 1992–1993 lud die ‹Offene Kirche Elisabethen› Basler Autorinnen und Autoren dazu ein, von der Kanzel zu predigen. Die Gäste waren nicht an ein religiöses Thema gebunden. Die Vortragenden sollten sich, so der Initiator, Pfarrer H. R. Felix Felix, «frei wissen, das zu sagen, was sich lohnt und was wichtig ist, einem Zeitgenossen oder einer Zeitgenossin zu sagen oder in einem solchen Raum zu bedenken.» Die gehaltenen Reden sind 1994 unter dem Titel *Nicht Fisch. Nicht Vogel* veröffentlicht worden.

CARL FRIEDRICH DROLLINGER 1688–1742

1728 bricht der Berner Universalgelehrte Albrecht Haller auf, um die Schweizer Bergwelt zu erkunden. Zur gleichen Zeit sitzt der Hofrat des Markgrafen von Baden-Durlach, Carl Friedrich Drollinger, in seiner Basler Amtsstube, die er aus Kostengründen auch als Wohnstube nutzt, und schreibt barocke Gedichte *Über die Unsterblichkeit der Seele* und *Auf die Religionsspötter.*

Der junge Drollinger ist auf Geheiss seines Vaters von Karlsruhe nach Basel gekommen, um Jurisprudenz, Geschichte und Naturwissenschaften zu studieren. Als Archivar bleibt er hier und führt zeitlebens ein zurückgezogenes Junggesellendasein. Zu seinem Bekanntenkreis gehören die Professoren Benedict Stähelin und Niclaus (I.) Bernoulli sowie Haller. Letzterer kommt nach seiner Alpen-Expedition nach Basel und hält an der Universität anatomische Vorlesungen. Über die Vermittlung von Stähelin entdeckt er gemeinsam mit Drollinger – der zu dieser Zeit das literarische Basel verkörpert – die jüngere englische Literatur: Pope, Shaftesbury, Swift.

In Basel verarbeitet Haller die Eindrücke, welche seine Gebirgstour in ihm hinterlassen hat: Sein Alpen-Opus entsteht. 1729 verlässt er Basel, drei Jahre später erscheinen *Die Alpen* in seiner Sammlung *Versuch schweizerischer Gedichte.*

Derweil schreibt Drollinger im Stillen weiter. Anfang der Dreissigerjahre erlangt er schliesslich mit seiner Ode *Lob der Gottheit* die Gunst von Johann Christoph Gottsched in Leipzig. Dieser hat mit seiner *Critischen Dichtkunst* unumstösslich die Gebote und Verbote einer vernünftigen Poesie festgelegt und damit den berühmten Literaturstreit mit den Zürcher Dichtungstheoretikern Johann Jacob Bodmer und Johann Jacob Breitinger entfacht. Der folgsame Drollinger versucht, sich Gottscheds poetischen Regeln zu fügen; seine Gedichte werden in der Folge in Leipzig veröffentlicht. Nach dieser Genugtuung scheint er sich aber von Gottsched abgewendet zu haben. Er beginnt mit Bodmer zu korrespondieren. In seinen Briefen, die er jeweils mit «gehorsamster Diener CF Drollinger» unterzeichnet, bittet er diesen nicht nur um Korrekturen seiner «neueste[n] Frucht meiner ziemlich veralteten Muse», er beklagt sich zuweilen auch über die Mühsal der Reimkunst: «Ihr Musen helft!/Der Verse Tyranney/Ist allzuschwehr. O macht uns endlich frey.»[39] 1742 übergibt er sein gesamtes Werk Johann Jakob Spreng, Gelegenheitsdichter, Pfarrer und erster Ordinarius der 1741 eingerichteten Basler Professur für deutsche Sprache und Beredsamkeit. Spreng überarbeitet

Drollingers Werk tüchtig – was damals der Gepflogenheit eines redlichen Philologen entspricht. Der Band erscheint ein Jahr nach des Dichters Tod, eine Neuauflage folgt bereits 1745. Sogar bei der Familie Goethe in Frankfurt wird Drollinger gelesen: Der junge Johann Wolfgang entdeckt den Band in der Bibliothek seines Vaters.

Werke: Drollinger, Carl Friedrich: Gedichte, Faksimiledruck nach der Ausgabe von 1743, mit einem ausführlichen Kommentar v. Uwe-K. Ketelsen, Stuttgart 1972. – von Haller, Albrecht: Die Alpen, Faksimiledruck, Bern 1987.

Literatur: Wackernagel, Wilhelm: Karl Friedrich Drollinger. Academische Festrede, Basel 1841; Sauder, Gerhard: Drollinger an Bodmer – zwölf Briefe, in: Zeitschrift für die Geschichte des Oberrheins, Heft 1, Karlsruhe 1964. – Siegrist, Christoph: Albrecht von Haller, Stuttgart 1967.

FRIEDRICH DÜRRENMATT 1921–1990

Für seine Bühnenwerke liefert Basel dem Dramatiker aus Konolfingen keinen Stoff. In seinem realen Leben spielt die Stadt jedoch gleich eine Doppelrolle: Sie bedeutet für den jungen Dürrenmatt den Beginn seiner Liaison mit der Theaterwelt und das Ende eines langen Traums. 1946 kommt er zum ersten Mal ans Rheinknie – wegen der Schauspielerin Lotti Geissler, seiner jungen Ehefrau, die hier engagiert ist. Das Paar bezieht an der St. Alban-Vorstadt 30 ein leeres Haus mit achtundvierzig Zimmern, als Zwischenmieter sozusagen, da das Gebäude in Bälde zum Schulhaus umgenutzt werden soll. Dürrenmatt hat soeben sein erstes Bühnenstück *Es steht geschrieben* beendet. Der Dichter fällt in Basel «ein wie eine seltsame Mischung aus einem bernischen Baal, einem angehenden treusorgenden … Familienvater und einem gesuchten geistreichen Debattierer, der bald auch zu Gesellschaften um Karl Barth … gebeten wurde.»[40] Von seinem Dramenerstling will die Direktion des Stadttheaters jedoch nichts wissen. Peter Lotar hingegen, der mit Kurt Reiss und Egon Karter den Erich Reiss-Verlag leitet, ist begeistert. 1947 erscheint das Textbuch, am 19. April wird das Stück in Zürich inszeniert. Sein zweites Drama *Der Blinde* feiert dann in Basel seine Uraufführung. 1948 zieht das Paar an den Bielersee. Aber Dürrenmatt pflegt seine Basler Kontakte über die Jahre hinweg weiter. Alle seine Theatertexte erscheinen im Reiss-Verlag, der Chef der ‹Komödie Basel› Egon Karter setzt jedes neue Dürrenmatt-Stück auf den Spielplan. Dann wird Werner Düggelin als Theaterdirektor nach Basel berufen. Er offeriert Dürrenmatt eine Stelle als künstlerischer Ko-Leiter. Man schreibt das Jahr 1968, und was den Mitvierziger zurücklockt, ist eine Utopie: Der Traum vom eigenen Theater, in dem er, wie einst Lessing in Hamburg, eine Art ‹Basler Dramaturgie› zu entwickeln hofft. Eröffnet wird die

Saison mit *König Johann* von Friedrich Dürrenmatt nach Shakespeare, im Januar 1969 inszeniert er selbst sein Stück *Play Strindberg*. Er schreibt Programmheftbeiträge, organisiert Matineen, sitzt in Proben junger Regisseure, diskutiert, berät, inszeniert. Ein aufreibendes, erfolgreiches Theaterjahr. Doch das Experiment schwankt. Künstlerische Differenzen, die Unmöglichkeit, am Basler Stadttheater ein zweites ‹Berliner Ensemble› zu gründen, ein Herzinfarkt Dürrenmatts und eine gleichzeitige Erkrankung Düggelins führten letztlich zur Auflösung seines Verhältnisses mit dem Theater und Basel. Er kehrt zurück ans Schauspielhaus Zürich. Im *Sonntagsjournal* vom 10. Oktober 1969 erklärt er: «Ich muss gestehen, dass ich an diesem Theater der Narren der grösste Narr war.»

Werke: Es steht geschrieben, Basel 1947; Der Blinde, Basel 1948.

Literatur: Rüedi, Peter: Friedrich Dürrenmatt und Basel, in: Basler Stadtbuch 1991, Basel 1992; Karter, Egon: Mit und über Friedrich Dürrenmatt. Essay, Basel 2001.

ADELHEID DUVANEL 1936–1996

In einer Julinacht ist Adelheid Duvanel erfroren. In jenem Wald, den sie als Kind geliebt hat. Es war eine bitterkalte Nacht, die Meteorologen sprachen später von einem aussergewöhnlichen Phänomen.

«Dann suchte mein Blick das Fenster; der Fensterrahmen hielt das AUSSEN zusammen und zeigte es mir als tiefes Bild, in das ich gerne geflüchtet wäre wie in ein Märchenhaus»,[41] schreibt Duvanel in der Erzählung *Innen und Außen,* in welcher sie sich ihrer Kindheit erinnert. «[J]ede Konvention war mir verhaßt, doch ich gab mich willig, weil ich nicht unangenehm auffallen wollte. Ich baute meine Welt INNEN aus – da wurden alle Grenzen gesprengt, während ich die Grenzen AUSSEN sehr eng absteckte.»[42] Aus der katholischen Enge ihres Elternhauses flüchtet sie in eine unglückliche Ehe mit dem Basler Künstler Joseph Duvanel. Nach der Trennung lebt sie allein mit ihrer Tochter.

Leben-Können bedeutet für die Autorin Schreiben-Müssen. Worte sichern die Existenz, weil in und mit ihnen die inneren Grenzen übertretbar werden. Diese Grenzüberschreitungen führen allerdings nicht in ein befreites Dasein, sondern in «einen Bezirk des lautlosen Schreckens und der fürchterlichen Gewöhnlichkeit»,[43] in die Einsamkeit, in eine Welt, in der die Menschen nicht zueinander finden. Duvanels Protagonisten, meistens Frauen und Kinder, sind verlorene Gestalten, die sich lautlos in ihr Schicksal fügen – ohne Rebellion, ohne sichtbare Auflehnung. Dem stillen Erdulden der Alltagswirklichkeit steht das Ent-Rücken in den Wahnsinn oder in Traumbilder gegenüber: ein Fortdenken in eine andere

Realität: «Es gelüstete mich auch immer, einmal im Spiegel zu verschwinden, wo alles ganz anders war, und die Vorstellung, daß ich vielleicht den Weg zurück nicht mehr fände, war für mich erregend.»[44] Die Spiegelwelt kennt das Vielfache, das Zerbrechliche. *Wände, dünn wie Haut* nennt Duvanel ihren ersten Erzählband: ein bezeichnender Titel für ihr gesamtes Oeuvre. Viel hat die Schriftstellerin, die in Basel die Kunstgewerbeschule besucht und sich zeitweilig als Bürolistin, Journalistin und Textilzeichnerin durchschlägt, nicht veröffentlicht. Ihre bevorzugte Form sind kurze Erzählungen, drei, vier Seiten lang. Unvermittelt setzen ihre Geschichten ein, häufig enden sie abrupt: Die Schlaglichter auf einen Moment Leben, knapp und präzis verdichtet, werden bei Duvanel zu einem Moment der Erzählkunst, erlebt als «wortlose Erkennntis der letzten Identität von Liebe, Wahn und Poesie.»[45]

Werke: Wände, dünn wie Haut, Basel 1979; Der letzte Frühlingstag. Erzählungen, mit einem ausführlichen Nachwort v. Peter von Matt, München 1997.

Literatur: Fues, Wolfram Malte: Zur Zeit im Schreiben. Über das Erzählen Adelheid Duvanels, in: Groddeck, Wolfram / Allemann, Urs (Hg.): Schnittpunkte. Parallelen. Literatur und Literaturwissenschaft im ‹Schreibraum Basel›, Köln / Basel 1995; Pfeifer, Tadeus: Leben im Medium der Sprache. Abschied von Adelheid Duvanel, in: Basler Stadtbuch 1996, Basel 1997; von Matt, Peter: Schreiben und Sterben einer Autorin: Adelheid Duvanel, in: Ders.: Die tintenblauen Eidgenossen. Über die literarische und politische Schweiz, München 2001.

ERASMUS VON ROTTERDAM 1469–1536

«[W]ieso mißfällt Euch diese Einrichtung?» Stolz präsentiert die lesehungrige Magdalia ihr Bücherbord, der Abt indes ist verärgert. «Weil der Rocken und die Spindel die weiblichen Waffen sind»,[46] lautet seine rüde Antwort. Weil neben dem Haushalten auch das Kinderhaben zur Frauenpflicht gehört, muss sich der Geistliche Magdalias weiteren Fragen stellen: Lässt sich so etwas Grosses wie die Erziehung ohne Weisheit ausrichten? Und sie prophezeit: «Wenn Ihr nicht auf der Hut seid, wird es noch so weit kommen, daß wir in den theologischen Schulen den Vorsitz führen, in den Kirchen predigen und Eure Mitren in Beschlag nehmen.»[47] So kühn wie Erasmus in seiner Vision, die er in den *Colloquia familiaria* seiner forschen Dame in den Mund legt, ist nur noch Beatus Rhenanus. Dieser hat 1518, ohne Wissen des Autors, die streitbaren *Gespräche im vertrauten Kreis* veröffentlicht, in denen sich der Rotterdamer (auch) zum Anwalt einer umfassenden weiblichen Bildung macht. Diese Dialoge, in denen er etwa eine Hure die Mönche als ihre besten Kunden preisen lässt, gehören neben dem *Lob der Torheit* (1511 in Strassburg, zweite Auflage 1515 bei Froben in Basel) zu seinen umstrittensten Publikationen. Eine erweiterte und autorisierte Auflage der *Colloquia* erscheint 1526. Endgültig abgeschlossen hat Erasmus seine spottlustigen und kritischen Unterhaltungen erst um 1533. Da weilt der ehemals gefeierte Gelehrtenfürst bereits in Freiburg im Breisgau.

1514 kommt der rastlose Junggeselle erstmals nach Basel. Nicht Frauen und auch nicht die Universität haben ihn hierher gelockt: Es ist vielmehr der Ruhm der Frobenschen Druckerei. Johannes Froben, gebildeter und geschäftstüchtiger Verleger, hat ohne Erasmus' Einwilligung einen Nachdruck der *Adagia* besorgt, mit welcher Erasmus seinen ersten Publikumserfolg erzielte.

Am Totengässlein, im Haus **→‹zum Sessel›**, steigt Erasmus ab. Bald schon muss es dort geistreich zugegangen sein. Um den berühmten Philologen, Theologen und Zeitkritiker versammeln sich die latein- und griechischkundigen Herren der Stadt: Beatus Rhenanus, Historiker und Frobens enger Mitarbeiter, der Musikwissenschaftler Heinrich **→Glareanus**, Johannes **→Oekolampad**, Johannes Amerbach und Johannes Froben. Seine Beziehungen mit den führenden Geistesgrössen in nah und fern pflegt Erasmus durch einen regen Briefverkehr.*

Fast zwei Jahre bleibt er in Basel, dann sind die beiden Vorhaben, derentwegen er gekommen ist, realisiert: Die Hieronymus-Ausgabe und die Edition des griechischen *Neuen Testaments*. Zurück in England, besucht er seinen Freund Thomas Morus, der soeben seine *Utopia* beendet, die in deutscher Übersetzung erstmals 1524 in Basel erscheinen wird. 1521 kommt Erasmus erneut nach Basel, um die Korrekturen für die dritte Auflage des *Neuen Testaments* vorzunehmen. Wieder quartiert er sich im Haus ‹zum Sessel› ein, zieht wenig später ins Haus ‹zur alten Treu› am Nadelberg 17. Dort verfasst er sein Gespräch über den freien Willen *De libero arbitrio diatribe*, in dem er sich entschieden gegen Luther wendet. Anders als mancher seiner Basler Freunde wünscht sich Erasmus zwar Erneuerungen, nicht aber einen offenen Bruch mit der römischen Kirche. Die jahrelangen Spannungen entladen sich im revolutionären Kirchenakt. Mit der Reformation verlässt Erasmus 1529 Basel und reist ins katholische Freiburg. 1535 kommt er wegen Vollendung einiger Druckarbeiten nochmals zurück. Im Haus ‹zum Luft› an der Bäumleingasse 18 steigt der Kränkelnde ab. Vorübergehend, denkt er. Ein Jahr später stirbt Erasmus hier. Im reformierten Münster wird der Sohn der alten Kirche ehrenvoll beigesetzt.

Werke: Ausgewählte Schriften, 8. Bde., hg. v. Werner Welzig, Darmstadt 1995.

Literatur: Erasmus von Rotterdam. Vorkämpfer für Frieden und Toleranz. Ausstellung zum 450. Todestag. Katalog, hg. v. Historischen Museum Basel, Basel 1986 (mit versch. Beiträgen über Leben und Wirken des Rotterdamers).

* Über 3000 Briefe hat Erasmus hinterlassen, davon 1600 eigene. Mehrere Sammlungen sind bereits zwischen 1515 und 1538 erschienen; eine kritische Ausgabe in zwölf Bänden ist zwischen 1906 und 1958 von P. S. Allen und H. W. Garrod in Oxford herausgegeben worden.

JÜRG FEDERSPIEL 1931

Im →**Literaturhaus Basel** feiert Jürg Federspiel den Siebzigsten. Anlässlich dieses runden Geburtstages schreibt sein Kollege Hansjörg →**Schneider**: «Er ist einer der autonomsten Deutschweizer Schriftsteller, die ich kenne. Vital und sensibel ... neugierig auf das Leben, auf Menschen, er hasst nichts so wie Langeweile.»[48] Die beiden lernen sich Anfang der Sechzigerjahre in der ‹Rio Bar› am Barfüsserplatz kennen. Federspiel hat soeben mit dem Erzählband *Orangen und Tode* debütiert. Die Kritik lobt Fantasie und Temperament des jungen Autors und zählt ihn sogleich zu den viel versprechendsten Talenten im Schweizer Literaturbetrieb. Bislang hat der Bündner in Basel ‹nur› journalistisch gewirkt. Er schrieb Filmkritiken und Reportagen und hat «das Schreibhandwerk von der Pike auf»[49] gelernt.

Im «profanen Tagesangebot» (Dieter Fringeli) übt er sich im Beobachten, schärft seinen Sinn für die kleinen Tragödien, die Leben bedeuten, findet «Worte zum Anfassen, ganz neu, unverbraucht und resolut.»[50] Aufgewachsen ist Federspiel in Davos. In den Vierzigerjahren zieht die Familie zunächst nach Zürich, dann nach Basel. Hier absolviert er das Gymnasium, der Universität zieht er das Selbststudium vor. Bei einem Autoren-Apéro im Radiostudio Basel lernt der junge Federspiel den vierzehn Jahre älteren Dichter Rainer →**Brambach** kennen. Im ‹St. Alban-Eck› entdecken sie ihre gemeinsame Vorliebe für Cendrars, Miller, Schaffner und den Rotwein. Wenig später bezieht er eine Wohnung in der St. Alban-Vorstadt und wird, zufälligerweise, Brambachs Nachbar. In der Quartierbeiz treffen sie sich zum Dichten.

Innerhalb von drei Wochen entstehen rund fünfzig weinselige Gedichte. Die Hälfte davon eignet sich zur Publikation: 1968 erscheint *Marco Polos Koffer.* Im Basler ‹Casino› lesen die beiden vor vollen Reihen daraus vor. Ein Skandal! In seinem *Portrait eines ehemaligen Freundes* im Band *Böses* erinnert sich Federspiel: «Die Veranstalter erhoben sich, einer hinter dem andern, und stolzierten hinaus. Schließlich ging auch Brambach und ich hatte die Ehre, mich als letzter – unter Pfeifen, Johlen und auch Klatschen – verabschieden zu dürfen.»[51]

Bereits ein Jahr zuvor hat Federspiel seinen eigenen Koffer gepackt. Zwei Monate gedenkt er in New York zu bleiben, es werden zwei Jahre. Neben Reportagen für Schweizer Zeitungen schreibt er dort sein Manhattan-Tagebuch *Museum des Hasses*. New York ist der Ort, wohin es Federspiel, als er später in Paris, Berlin und Zürich lebt, immer wieder zieht. Die Stadt ist auch Schauplatz seiner *Ballade von der Typhoid Mary*, in welcher er die wahre Geschichte einer typhuskranken Köchin aus Graubünden literarisch neu erfindet. Mit der *Ballade von der Typhoid Mary* landet Federspiel auf der amerikanischen Bestenliste, was für einen Schweizer Autor etwa gleich ungewöhnlich ist wie der Inhalt des Pakets, das Federspiel eines Tages erhält: sechs Belegexemplare seines Buches *Geographie der Lust* in chinesischer Übersetzung.

Unterdessen ist Federspiel im Kleinbasel sesshaft geworden. Von seiner Wohnung aus sieht er den Rhein. Und gleich um die Ecke befindet sich das ‹Klingental›. In dieser anrüchigen Kneipe, wo sich nicht nur Freier und Prostituierte finden, sondern der Wirt bis vier Uhr morgens währschafte Kost serviert, trinkt er manchmal ein Glas. ‹Minderes› Manhattan, immerhin.

Zu seinem siebzigsten Geburtstag ist sein zweiter Lyrikband *Mond ohne Zeiger* erschienen. Für Episches fehle ihm der ‹Punch›, meint er heute. Seine Gedichte jedoch sind voller Leben, aufmüpfig, sarkastisch und skurril, zuweilen zärtlich, nie gleichgültig, voller Spannung. Im ersten Lyrikband, *Im Innern der Erde wütet das Nichts*, heisst es unter dem Titel *Eine Art Ewigkeit*: «Die Gleichgültigkeit des Regens/das Meer./Die Gleichgültigkeit der Steine/der Berg./Die Gleichgültigkeit der Nächte/der Mond./Die Gleichgültigkeit des Sandes/die Wüste./Das Dröhnen der Glocken/die Kirche./Die Gleichgültigkeit der Sonne/die Welt.»[52]

Werke: Orangen und Tode, München 1961; Museum des Hasses, München 1969; Die Ballade von der Typhoid Mary, Frankfurt a. M. 1982; Geographie der Lust, Frankfurt a. M. 1989; Böses. Wahn und Müll, Frankfurt a. M. 1990; Im Innern der Erde wütet das Nichts, Frauenfeld 1999; Mond ohne Zeiger, Frauenfeld 2001.

Literatur: Fringeli, Dieter: Die unerschöpfliche Phantasie des Zufalls, in: Ders.: Dichter im Einsatz, Zürich 1991; Meier, Pirmin: Jürg Federspiel. Der Mensch als Puzzle, nicht als Rätsel, in: Bättig, Joseph / Leimgruber, Stephan (Hg.): Grenzfall Literatur, Freiburg 1993; Sabalius, Romey: Von Irren und Normalen – Über die beängstigende Un/Normalität des Alltags in der Kurzprosa von Jürg Federspiel, in: Mielczarek, Zygmunt (Hg.): Flucht und Dissidenz, Frankfurt a. M. / Berlin / Bern 1999.

JOHANN FISCHART 1546–1590

An der Basler Universität ist er als ‹Johannes Piscator Argentinensis› eingetragen. Manchmal nennt er sich nur ‹Piscator›, und – weil ‹Nase› auch eine Fischart ist – zuweilen auch ‹Nasenfischer›. Berühmt wird er indes unter seinem bürgerlichen Namen: Johann Fischart. Im Spiel mit dem Namen nimmt der bedeutendste Sprachakrobat des 16. Jahrhunderts dasjenige vorweg, was sein Werk auszeichnen wird: den kühnen Umgang mit Wörtern und Wortklängen. 1574 kommt der Strassburger nach Basel, wo er die juristischen Doktorwürden erlangt. «Vor allem die Blüte, in der eben jetzt die hohe Schule stand, mit Gelehrten und Lehrern wie Basilius Amerbach, Samuel Grynaeus, Adam Henric-Petri ... Felix Plat[t]er, Theodor Zwinger, Heinrich Pantaleon ... Christian Wurstisen»[53] soll ihn hierher gelockt haben. Dies zumindest vermutet der Germanist Wilhelm →**Wackernagel** in seiner Untersuchung, in der er minutiös den Spuren folgt, die Basel in Fischarts Werk hinterlassen hat.

Neben wissenschaftlichen Studien betreibt der Nasenfischer denn auch literarische. Hier schreibt er seine Rabelais-Adaption, die *Affenteurliche und ungeheurliche Geschichtschrift*. Ursprünglich will er bloss Rabelais' ersten Band *Gargantua* ins Deutsche übertragen, doch dann verselbstständigt sich die Übersetzung und wächst zu einem wuchernden fischartschen Opus heran. In der Vorrede bezeichnet er sein Buch als ein «verwirrtes ungestaltes Muster der heut verwirrten und ungestalten Welt». Romanheld ist Gargantua, König im Reich Utopien. Sein Leben und seine Heldentaten geben dem Dichter Anlass, die eigenen Vorstellungen von Erziehung und Ehe, Verschwendungssucht und anderen Unsitten der Zeit darzulegen. Seine Absicht ist, die Lesenden zu unterhalten, indem er sie über der «Welt Thorheit» lachen lässt. Fischart ist ein unabhängiger Geist. Als solcher ist er der feinen Ironie so wenig abgeneigt wie dem derben Humor und – glaubt man den Buchstaben – einer tüchtigen Sauferei. In seiner *Geschichtschrift* beschreibt er ein solches Gelage: «Trincken ist mein Ewigkeyt, und Ewigkeyt ist mein trincken: Freß ich mich arm: unnd sauff mich zu tod, so hab ich gewiß gewalt über den Tod.»[54] Als einer der ersten hat Fischart die Sprache als Material entdeckt, mit dem sich exzessiv spielen lässt. Er jongliert mit den Buchstaben und Silben, assoziiert, reiht Einzelbilder zusammenhangslos aneinander, reimt, erfindet Neologismen und schiebt scheinbar planlos groteske Einfälle in die Handlung – bis zumindest der Lesende den Überblick verliert.

Eine Zweitauflage seines virtuosen Wälzers erscheint 1582 unter dem bis heute bekannten Titel *Geschichtsklitterung*. Da hat Fischart sein freies Basler Poetenleben bereits gegen ein ordentliches Dasein als Amtmann im deutschen Forbach eingetauscht.

Werke: Sämtliche Werke, hg. v. Hans-Gert Roloff u.a., Bern 1993; Lesebuch mit Auszügen aus *Gargantua* und Glossen von Fischart, Frankfurt a.M. 1997.

Literatur: Wackernagel, Wilhelm: Johann Fischart von Strassburg und Basels Antheil an ihm, Basel 1870 (mit einer Kurzbiografie).

DIETER FORTE 1935

1970 ist in der Theaterstadt Basel ungeheuer viel los. «Da sassen die Schweizer Autoren und Theaterleute in der Kunsthalle wie die Vögel auf der Stange ... Man fuhr eben nach Basel und traf sich.»[55] Dieter Forte kommt aus Düsseldorf angereist und bringt gleich seinen Dramenerstling zur Uraufführung mit: *Martin Luther & Thomas Münzer oder Die Einführung der Buchhaltung*. Das Stück avanciert zum Bestseller: über dreissig Aufführungen in Basel und rund fünfzig Inszenierungen auf internationalen Bühnen. Fünf Jahre wirkt Forte danach unter Werner Düggelin als Hausautor am Basler Theater. *Jean Henry Dunant* entsteht und *Das Labyrinth der Träume*. Das Theaterleben pulsiert. «Als das vorbei war, habe ich gemerkt, dass Basel in einen sehr tiefen Schlaf versinken kann.»[56]

Forte bleibt dennoch. Bis heute. Weshalb? «Man entfernt sich von einem Ort, von Straßen und Menschen, um sich ihnen zu nähern», heisst es in einem Aufsatz, dessen Titel programmatisch ist für Dieter Fortes Schaffen: *Weggehen um anzukommen.*[57]

Forte wächst in Düsseldorf auf. Dort erlebt er den Krieg, überlebt die Bombenangriffe, sieht die brennende Stadt, die Trümmerlandschaft und weiss: Irgendwann wird er darüber schreiben müssen. Er braucht dazu Distanz, räumliche und zeitliche. In Basel findet der Dramatiker zur Epik und damit den Weg zu seinen Erinnerungen: Was er mitteilen will, ist nur in Prosa zu erzählen. 1992 erscheint *Das Muster*, er erste Band seiner Trilogie *Das Haus auf meinen Schultern*. Forte spürt darin über die Jahrhunderte hinweg den Familiengeschichten der Fontanas und der Lukacz nach, die schliesslich 1933 durch die Heirat der Abkömmlinge Friedrich und Maria zusammenfinden. Deren gemeinsamer Sohn wird zum letzten Spross der beiden Familien. Schreibst du das auf, wird das Kind mitten in den Kriegsruinen von seinem Grossvater gefragt. Seine Kindheit und Jugend im kriegsversehrten Deutschland und in der Zeit danach hält Forte schliesslich – als Antwort auf Grossvaters Frage – in *Der Junge mit den blutigen Schuhen* und *In der Erinnerung*, dem letzten Band der Trilogie, literarisch fest. Das Schreiben ist für Forte die Möglichkeit, unauslöschliche Erinnerungen zu bannen, fassbar zu machen und sie so zu ‹überleben›. Das Schweigen über das Erfahrene brechen bedeutet aber auch: Erzählen, um nicht zu vergessen; eine Sprache finden, um existieren zu können. «Erst die Sprache erschließt mir die Welt. Sie hat sich für mich immer nur über die Sprache erschlossen», sagt Forte. «Ihr verdanke ich meine alltägliche, persönliche Existenz. Ich meine nicht das Geldverdienen, sondern morgens aufstehen, schreiben und weiterleben wollen.»[58]

Werke: Martin Luther & Thomas Münzer oder Die Einführung der Buchhaltung, Berlin 1971; Jean Henry Dunant, Frankfurt a. M. 1978; Das Labyrinth der Träume, Frankfurt a. M. 1983; Das Muster, Frankfurt a. M. 1992; Der Junge mit den blutigen Schuhen, Frankfurt a. M. 1995; In der Erinnerung, Frankfurt a. M. 1998; Das Haus auf meinen Schultern. Trilogie in einem Band, Frankfurt a. M. 1999.

Literatur: Hof, Holger (Hg.): Vom Verdichten der Welt. Zum Werk von Dieter Forte, Frankfurt a. M. 1998; Hage, Volker (Hg.): Dieter Forte. Schweigen oder Sprechen. Autobiographische Erinnerungen, Essays und ein Gespräch, Frankfurt a. M. 2002.

SEBASTIAN FRANCK 1499 – 1542

1531 erscheint in Strassburg ein dreibändiges Werk mit dem Titel *Chronica, Zeytbuch und Geschychtsbibel.* Die Schrift weckt Erasmus' Unwillen so sehr, dass er den Strassburger Rat veranlasst, den Verfasser Sebastian Franck aus der Stadt zu weisen. Die *Chronik der römischen Ketzer*, der erste Band dieser streitbaren Kirchengeschichte, wird zwanzig Jahre später in Basel, wohin es Franck nun verschlägt, zum Vorbild einer weiteren ‹Ketzerschrift› (→**Castellio**) werden. Dort, in der damaligen «Freistatt aller um des Glaubens willen Ausgetriebnen»,[59] ist der Verstossene denn auch kein Unbekannter. Mit seinem Namen verbunden werden nicht nur zahlreiche Schriften und die deutsche Übersetzung von Erasmus' *Lob der Torheit*, sein Name steht auch für eine äusserst eigenwillige Glaubenshaltung. In seiner *Chronica* plädiert Franck für unbedingte Religionsfreiheit und individuelle Glaubensformen. Wie später Castellio vertritt auch er die Idee der religiösen Toleranz. In seinem *Kriegsbüchlein des Friedens* (das er unter einem Pseudonym in Frankfurt erscheinen lässt), verurteilt er den Krieg als Machtspiel der Herrschenden wider das Volk. Als Exponent der radikalen Reformation tendiert er zu einem frühen Pantheismus und steht damit über jedem konfessionell gebundenen Christentum. Der Obrigkeit schliesslich spricht Franck, der sich kurz vor seinem Tod noch in die Safranzunft einkauft und Basler Bürger wird, jegliches Recht ab, ‹Irrgläubige› zu verfolgen. Nach seinem Verständnis gibt es solche denn auch gar nicht: In seiner *Ketzerchronik* bestimmt er einen Häretiker als «Sunderling / eygensinniger / oder ausserwoeler / der jm ein eygenen sinn der schrifft erwoelt ...»[60]

Werke: Chronica. Reprographischer Nachdruck der Originalausgabe von 1536, Darmstadt 1969; Krieg-Büchlin des Friedens, Nachdruck der Ausgabe von 1550, Hildesheim / New York 1975.

Literatur: Peuckert, Willi-Erich: Sebastian Franck. Ein deutscher Sucher, München 1943; Müller, Jan-Dirk (Hg.): Sebastian Franck (1499 – 1542), Wiesbaden 1993.

DIETER FRINGELI 1942–1999

Oft schreibt Dieter Fringeli über andere Autoren, häufig über die Vergessenen und kaum Beachteten. Ihnen gilt sein Interesse. «Sie schreiben aus Bedrängnis, aus vitalstem Antrieb – aus der Erkenntnis, daß das Wort der verläßlichste Wahrheitsträger ist»,[61] heisst es in seinem 1991 erschienenen Band *Dichter im Einsatz* – der Titel ist auch bezeichnend für ihn selbst. Fringeli studiert bei Walter Muschg, bewundert dessen Mut zur Subjektivität und seine ‹unakademischen› Interpretationskriterien. Zwölf Jahre lang wirkt er dann als Feuilletonredakteur bei den *Basler Nachrichten* (und später *Basler Zeitung*). Aus politischem Bewusstsein heraus und aus Protest gegen die Unzulänglichkeit des Literaturbetriebs wird er zum Entdecker und zum Förderer. 1974 gibt er einen Essayband über die *Dichter im Abseits* heraus, wiederum ein Titel, der auch auf den Dichter Fringeli zutrifft. Von 1986 an lebt er als freier Autor in Basel und Nunningen.

Im Schwarzbubenland wächst er auf. Bereits als schreibunkundiger Knirps unternimmt er erste lyrische Versuche, die er seinem Vater Albin, dem gefeierten Mundartdichter, in die Schreibmaschine diktiert. 1965 erscheinen seine ersten Gedichte *Zwischen den Orten*. Darin heisst es: «Zoologischer Garten / Glaube daran / Daß am andern Ausgang / Der Urwald beginnt.»[62] Der Urwald könnte sein: die Sprachwelt, ungeordnet wie das Leben, die durch des Dichters Einsatz geformt, gestaltet und zum letzten Zufluchtsort, zum andern Ausgang gemacht wird. Unpathetisch, unsentimental, ungeschminkt: Im wildwuchernden Wortdschungel legt Fringeli mit seinen Worten Schneisen, ordnet und legt frei, was sich im verbalen Dickicht zu verbergen sucht. In seiner letzten Lyriksammlung, die er als druckfertiges Manuskript in seinem Schreibtisch hinterlässt, verdichtet sich der Urwald um ihn herum, übrig bleibt das schreibende Ich: «nur noch zeit sein / hinter vorgehaltener hand / ... / ich bin nur noch meine / dichterische freiheit.»[63] Die Welt reduziert sich auf einen, den letzten Punkt. Danach kommt kein nächster Satz. In Vorwegnahme seines eigenen Todes schreibt er in seinem Roman *Fingernägel*: «In einem sogenannten Nachruf also könnte man in hilflosem Zitieren von einem unsteten Manne sprechen, dem auf Erden nicht zu helfen war. Das war er tatsächlich: ein Getriebener, von sich selbst und allem durchs Leben Gestoßener ...»[64]

Werke: Zwischen den Orten, Breitenbach 1965; Dichter im Abseits. Schweizer Autoren von Glauser bis Hohl, Zürich 1974; Dichter im Einsatz. Essays, Zürich 1991; Fingernägel. 23 Anfälle, Roman, Zürich 1992; ich bin mein gutes recht. gedichte aus dem nachlass, Basel 2003.

JOHANNES GAST 1500 (?) – 1552

Im Februar verbreitet sich das Gerücht, zechende Soldaten wollten das Spalentor besetzen. Am 18. desselben Monats wird die ‹Löfflerin› verbannt, weil sie ihre Mutter geprügelt hat und danach in den Ofen stossen wollte. Wenig später wird einem Gotteslästerer in öffentlicher Exekution ein Stück Zunge abgeschnitten. Alles das ereignet sich in der lieblichen Humanistenstadt Basel im Jahre 1552. «Furchtsame Seelen, welche vor der Aufdeckung menschlicher Schwächen und

Leidenschaften im Heerlager der Reformation schlimme Folgen und Missbrauch fürchten, mögen das Heft weglegen, wer aber der Geschichte gerne ins Gesicht schaut, wird unsern, man darf wohl sagen, unerwarteten Gast, nach Verdienst willkommen heissen.» Dieser unerwartete Besuch, den Jacob **→Burckhardt** in den *Basler Nachrichten* vom 6. Februar 1856 begrüsst, ist Johannes Gasts *Tagebuch*. Der aus Breisach stammende Pfarrer hat während eines knappen Vierteljahrhunderts die Stadt und ihre Bewohner beobachtet. Diese Aufzeichnungen aus dem 16. Jahrhundert werden 1856 neu ediert. Bereits Christian **→Wurstisen** und später auch Peter **→Ochs** benutzen Gasts Chronik als zeitgenössische Quelle. Neben Klatsch- und Skandalgeschichten schildert Gast, oft mit grimmig-galligem Unterton, die Verfehlungen der Basler Politik, verurteilt den akademischen Lehrbetrieb, wettert gegen Gottlosigkeit, Sittenverfall und gegen seinen Amtsbruder Valentin **→Boltz**, dessen Predigten er zum beliebten Kirchenevent verkommen sieht. Am 20. Mai 1548 schreibt er: «Wie die Narren laufen die Leute aus Kleinbasel zu den Predigten Valentins, des neuen Modepredigers, der den Leuten sagt, was sie wünschen ... Er sät Haß und wird einen Sturm des Aufruhrs erregen, wenn es der Herr nicht abwendet.»[65] Und am 5. Juli 1551: «Valentin Boltz hat gepredigt, es würden Diebe, Hurer und Ehebrecher in den Rat gewählt.»[66] Eine Predigt mit Folgen? Darüber schweigt Gast. Der weit gereiste Student kommt 1525 ohne Abschluss und Titel nach Basel. Er wird glühender Anhänger von Johannes **→Oekolampad**, gibt dessen Werk heraus und bekämpft mit Leidenschaft ketzerische Lehren, unter anderen jene des Baptisten David **→Joris**. Gast wird nie erfahren, dass er in der Person des angesehenen Schlossbesitzers Herrn van Brugge, den er als Diakon zu St. Martin zuweilen begrüsst, den berüchtigten Ketzer Joris leibhaftig vor sich hat.

Neben seiner Pfarrtätigkeit wirkt der Familienvater – man spricht von elf Kindern – auch als Herausgeber zahlreicher Schriften. Er selbst verfasst nur ein einziges literarisches Werk: die *Convivales sermones* (1548), eine Sammlung von erbaulichen Anekdoten und verwerflichen Histörchen aus fremder und eigener Feder, die gemäss dem Verfasser als Vorlesestoff nach dem Essen serviert werden sollen. In diesen *Tischreden* findet sich auch jene Anekdote, die von einem Diner mit dem historischen Doktor Faust berichtet. Darin heisst es: «Als ich zu Basel mit Faust im Oberen Collegium [an der Augustinergasse] speiste ... hatte [er] einen Hund und ein Pferd bei sich, die, wie ich glaube, vom Teufel waren, da sie alles verrichten konnten. Einige sagten mir, der Hund habe zuweilen die Gestalt eines Dieners angenommen.»[67]

Werke: Convivales sermones, Basel 1548; Das Tagebuch des Johannes Gast, mit einem umfassenden Kommentar über Leben und Werk, hg. v. Paul Burckhardt, Basel 1945.

Literatur: Burckhardt, Paul: Die schriftstellerische Tätigkeit des Johannes Gast, Sonderabdruck aus Band 42 der Basler Zeitschrift für Geschichte und Altertumskunde, Basel 1943.

CHRISTOPH GEISER 1949

«Die Literatur ist, sagt man, die unwichtigste Sache – für uns ist sie Drehpunkt.»[68] Kurz und knapp formulieren die Herausgeber Christoph Geiser und Ueli Kaufmann, beide noch keine zwanzig Jahre alt, was sie mit ihrer neuen Zeitschrift *drehpunkt* beabsichtigen: «Brücken bauen zwischen Leser und Autor, aber nicht so, dass auf der Brücke jeder sein eigenes Geländer benützt.»[69] Die Null-Nummer vom Oktober 1968 enthält neben Gedichten von René Regenass, Christoph Mangold und Dieter **→Fringeli** auch ein Plädoyer für eine andere Literatur. Der Verfasser Hansjörg **→Schneider**, der wenig später mit seinem Dramendebüt *Sennentuntschi* für Aufsehen sorgen wird, schreibt: «Schon zu lange ist Dichtung ein belangloses Amüsement der gebildeten Schicht gewesen, viel zu lange schon ist Politik aus unseren Büchern verbannt gewesen. Die Literatur muss politisiert werden.»[70] Die Zeitschrift findet ihre Leserschaft – und ihre Autoren: Es gibt kaum einen Basler Schreibenden, der nicht im *drehpunkt* veröffentlicht.*

Der Gymnasiast Geiser wirkt aber nicht nur als engagierter Herausgeber, er schreibt auch selbst: zunächst politische Gedichte. In seinem ersten Lyrikband *Bessere Zeiten* heisst es (frei radikalisiert nach Günter Eich): «Kein Sand im Getriebe/Die Sintflut ist programmiert.»

Weil er den Militärdienst verweigert, kommt Geiser ins Gefängnis. Sein Soziologiestudium bricht er ab und zieht nach Bern. Er arbeitet als Journalist für den *Vorwärts*, die Wochenzeitung der PdA (Partei der Arbeit) und entdeckt die Kurzprosa: «Mein Ausgangspunkt war die Lyrik, dann wuchsen sich meine Gedichte aus zu lyrischer Prosa, in meiner Geschichte *Zimmer mit Frühstück* habe ich angefangen zu erzählen und in meinem ersten Roman *Grünsee* bin ich ausführlich geworden.»[71] Mit dem ‹Ausführlichwerden› kehrt Geiser, literarisch, nochmals zurück in seine Heimatstadt. Sein Romandebüt ist eine Auseinandersetzung mit seiner Kindheit in einer grossbürgerlichen Familie. Der Folgeband *Brachland* konzentriert sich auf die Begegnung mit dem Vater, den der Icherzähler im Elsass besucht. Auf dem Weg dorthin steigt er in seinem Basler Elternhaus ab und betritt damit den Raum der Vergangenheit. Im Wechsel zwischen dem Gestern und Heute und vor dem Hintergrund der Familiengeschichte ereignet sich diese Begegnung. Eine Annäherung findet jedoch nicht statt. Geiser verlässt die Familie, auch literarisch. In den folgenden Romanen wendet er sich endgültig einer neuen Problematik zu – seinem eigenen Leben in einer Gesellschaft, die Homosexualität als ‹anormal› stigmatisiert. Das Schreiben wird für Geiser zum Versuch, «für die tabufreie Thematisierung homosexueller Obsessionen eine originäre Sprache zu entwickeln.»[72] Die Literatur bleibt für Geiser Drehpunkt. In einem Essay schreibt er: «Mag sein, auch jene Hoffnung ... war nichts als eine lustvolle Utopie – die Hoffnung, an die Stelle von Geschichte, Politik, Ökonomie träten Literatur, Kunst, Wissenschaft als rein lustvolle Erkenntnis ohne ökonomischen Nutzen – ja mehr noch!, die Arbeit würde ersetzt durch das Spiel. Das Spiel hiesse Arbeit ... Eine denkbare Zukunft?»[73]

Werke: Bessere Zeiten, Zürich 1968; Zimmer mit Frühstück, Basel 1975; Grünsee, Zürich / Köln 1978; Brachland, Zürich / Köln 1980.

* 1997 feierte der *drehpunkt* sein dreissigjähriges Bestehen und damit zugleich seine hundertste Nummer. Herausgegeben wird die Zeitschrift heute von den beiden Basler Literaturwissenschaftlern Rudolf Bussmann und Martin Zingg, die als Studenten bereits eigene Texte im *drehpunkt* veröffentlicht haben. Rudolf Bussmann hat 2001 mit dem Band *Nimm die Dinge* als Lyriker debütiert.

PAMPHILUS GENGENBACH 1480(?)–1525(?)

Der schlechte Ruf eilt dem unflätigen Wandergesellen voraus. Als Pamphilus Gengenbach in Basel ankommt, wird er sogleich vor Gericht zitiert: Seiner Schlummermutter im fernen Nürnberg schuldet er noch acht Gulden. Wenig später wird er wegen einer Prügelei und Hausfriedensbruchs angeklagt.

Mit etwa dreissig Jahren führt Gengenbach sein zügelloses Gesellenleben schliesslich in geordnete Bahnen: Er heiratet, macht sich als Drucker selbstständig, erwirbt an der Freien Strasse das Haus ‹zum kleinen roten Löwen› und wird ein angesehener Basler Bürger. Als diskussionsfreudiger Zeitgenosse nimmt er regen Anteil an politischen, konfessionellen und literarischen Disputen, schreibt Gedichte, Lieder, Dialoge und tritt schliesslich als erfolgreicher Theaterautor hervor. Er ist der älteste im ‹Dramatischen Quartett›, das im 16. Jahrhundert das Basler Theaterleben bestimmt. Mit den jüngeren Dramatikern Sixt →**Birck**, Valentin →**Boltz** und Johannes →**Kollros** verbindet ihn neben dem reformierten Glauben auch die Hoffnung, mit Theater moralisch-erzieherisch wirken zu können.

1515 erscheint *Von den zehn Altern der Welt*, ein didaktisch-allegorisches Drama – zu Deutsch: ein ‹Tatspiel› – in 825 Reimpaar-Versen, das nicht nur im bündnerischen Ardez, sondern auch in Frankfurt aufgeführt wird. Zur Herrenfasnacht 1517 veröffentlicht er den *Nollhart*, sein umfangreichstes Werk, in dem er ein Zeitbild des politisch-gesellschaftlichen Lebens vor dem Hintergrund einer eschatologischen Weltsicht zeichnet. Mit der vermutlich 1521 an der Fasnacht aufgeführten *Gouchmat* hat Gengenbach schliesslich das Fasnachtsspiel neu belebt. Es ist eine satyrische Sittenkritik auf das Hauptlaster der Zeit, die Unkeuschheit. Sechs Helden männlichen Geschlechts erscheinen bei Frau Venus auf der Gauchmatte – der Narrenwiese – und werben trotz Warnung der Narren um die Dame. Selbstredend werden sie von dieser um Hab und Gut gebracht und müssen unter Spott und Hohn von dannen ziehen. Das Stück schliesst mit einer Rede des Hofmeisters, der sich im Namen der wohlgesinnten Basler bei Frau Venus für dieses eindrückliche Exempel richtiger Lebensführung bedankt.

Im Unterschied zu Gengenbach thematisiert der Franziskanermönch Thomas Murner in seiner 1515 verfassten *Gauchmatt* die liebestollen Weiber. In Strassburg verboten, erscheint sein Stück 1519 bei Adam Petri in Basel. Von Sebastian →**Brants** *Narrenschiff* beeinflusst, wird hier das Unheil aufgelistet, zu dem Frauen seit Evas Gedenken fähig sind. Für die gefährdeten ‹Gäuche› indes hält der Doktor der Theologie allerlei (ironische) Verhaltensregeln bereit. Gebrandmarkt werden aber auch leidenschaftliche Liebesaffären wie etwa jene, die sein Glaubensbruder →**Piccolomini** in seiner Novelle *Eurialus und Lukretia* beschreibt.

Gengenbach bleibt bis an sein Lebensende in Basel. Sein Todesjahr ist ungewiss, urkundlich bezeugt ist er zum letzten Mal 1524 in einer Gerichtsakte. Er erhebt darin Anklage gegen einen Geistlichen, der ihm noch Zinsen schuldet.

Werke: Pamphilus Gengenbach, hg v. Karl Goedeke, Han(n)over 1856.

Literatur: Lendi, Karl: Der Dichter Pamphilus Gengenbach. Beiträge zu seinem Leben und seinen Werken, Bern 1926; Werren-Uffer, Violanta: Der Nollhart von Pamphilus Gengenbach, Bern / Frankfurt a. M. 1983; Spiewok, Wolfgang: Das deutsche Fastnachtspiel. Ursprung, Funktionen, Aufführungspraxis, 2. überarb. Aufl., Greifswald 1997 (mit einem Beitrag über Gengenbach).

ELISABETH GERTER 1895–1955

«Nun noch eine kurze Bemerkung zur Frau an sich. Staatspolitische Kurse werden für sie gegeben. Bücher erscheinen für sie. Radioreden wenden sich speziell an sie. Ist es nun nicht erfreulich, dass man davon Resultate sieht, dass unter anderm gerade auch eine Frau sich an einen wirtschaftlich-sozialen Roman wagte?»[74] Die Schweizer Verleger sind jedoch gar nicht erfreut, als Elisabeth Gerter ihnen ihr zweites Manuskript *Die Sticker* zusendet. Ob es am brisanten Stoff liegt oder daran, dass sich die Autorin mehr um den Inhalt als um formale Schreibkunst kümmert? An Jakob Bührer schreibt sie 1946: «Ich weiss, dass nie die Form, sondern der Grundgehalt, das Thema, ausschlaggebend ist. Ich kann nicht wie die andern in die gewünschte ‹Ewigkeit› ... und aus der Realität fliehen. Solange ein Mensch hungert ... so lange kann ich aus der Menschenwelt nicht heraus.»[75] *Die Sticker* erscheint dann doch – im Selbstverlag. In diesem ersten schweizerischen Industrieroman beschreibt Gerter Glanz und Elend eines Rheintaler Stickerdorfs. Aus gesellschaftskritischer Sicht schildert sie die politischen und wirtschaftlichen Problematiken, erzählt aber auch von privaten Schicksalen – über die Klassenschranken hinweg. Die gestalteten Personen und Orte würden über die Wirklichkeit hinaus zu Symbolen, schreibt die Autorin. «Ein gegenwärtiges Geschehen wird hell beleuchtet, damit es jedem bekannt wird, damit es jeden bewegt und beschäftigt und schliesslich die Öffentlichkeit sich gezwungen sieht, sich damit zu befassen.»[76]

Den Hintergrund des Buches bildet, wie schon im Romandebüt *Schwester Lisa*, ihre persönliche Erfahrungswelt. Elisabeth Hartmann (ihr Pseudonym ‹Gerter› legt sie sich später zu) wächst mit neun Geschwistern in einer Textilarbeiterfamilie in der Ostschweiz auf. Nach den Schulpflichtjahren verdingt sie sich als Fabrikarbeiterin. Mit achtzehn Jahren bildet sie sich beim Roten Kreuz zur Krankenschwester aus und arbeitet mehr als zehn Jahre in Privathaushalten, Spitälern und Sanatorien. In einem solchen lernt sie den Basler Dichter und Uhrmacher Karl August Müller kennen. Während den neun unglücklichen Ehejahren sorgt sie für den gemeinsamen Unterhalt. 1930 lässt sie sich scheiden und heiratet Müllers Freund, den Kunstmaler und KP-Grossrat Karl Aegerter. 1934 erscheint *Schwester Lisa*, das unverkennbar autobiografische Züge trägt. Offen berichtet die junge, auf Autonomie bedachte Frau von ihren Liebesidealen – und von der ernüchternden Erfahrung ihres Ehelebens. In ihren tagebuchartigen Aufzeichnungen beschreibt sie, in einem zweiten Erzählstrang, ihren Berufsalltag als Pflegerin. Schonungslos und ungeschminkt kritisiert sie die Ärztehierarchie, hinterfragt die heuchlerische Schwesternmoral, entlarvt die herrschende Klassenmedizin – und schreibt damit ein umstrittenes Stück Spitalgeschichte. *Schwester Lisa* und *Die Sticker* bleiben Gerters wichtigste Romane. Ihre späteren Erzählungen, Novellen und Hörspiele bleiben ohne Echo. 1942 tritt sie der Sozialistischen Partei bei, ist im Vorstand des Basler Schriftstellervereins und engagiert sich aktiv für das Frauenstimmrecht.

Werke: Schwester Lisa. Irrweg einer Frau, Zürich / Wien 1934 (Neuausgabe, Zürich 1979); Die Sticker, Aarau 1938.

Literatur: Dem Gedenken der Dichterin Elisabeth Gerter, Aarau 1965; Huonker, Gustav: Elisabeth Gerter – zu Unrecht vergessene Pionierin, in: Gerter, Elisabeth: Schwester Lisa, Nachwort, Zürich 1979.

GLAREANUS (HEINRICH LORITI) 1488–1563

Kurz vor seiner Abreise nach Köln lernt der junge Glarner Heinrich Loriti den Theologen Huldrych Zwingli kennen. Der spätere Reformator hat gerade in Basel promoviert und in Glarus das Amt eines Pfarrers angetreten. Interessiert an Ursula, der Schutzpatronin von Köln, beauftragt er Loriti, den Spuren der heiligen Dame nachzugehen, was der angehende Mathematiker und Musiker denn auch pflichtbewusst tut. In einem Brief an Zwingli aus dem Jahre 1507 berichtet er von der Pilgerreise der Heiligen Ursula und ihrer Gefolgschaft und von ihrem kurzen Abstecher nach Basel, an den heute das **→Elftausendjungfern-Gässlein** erinnert. Ob Loriti, als er 1514 nach Abschluss seiner Studien ebenfalls nach Basel kommt, die steile Treppe hochsteigt? Gewiss ist: Der Glarner, der sich hier ‹Glareanus› nennt, gehört bald zum Humanistenkreis um Erasmus. Er gründet ein

Knabenpensionat und unterrichtet zwölf- bis vierzehnjährige Knaben in Erdkunde und Musik. Daneben veröffentlicht er bei Adam Petri die *Helvetiae Descriptio*, eine Beschreibung der dreizehn eidgenössischen Orte in vierhundert Hexametern. Viel Lobenswertes ist da über Basel zu lesen: «Find' ich den Vers, die Leier, das Lied, dich gebührend zu rühmen?/... Herrliche Mutter der deinen, du Stadt mit dem ruhmreichen Namen,/Hauptstadt, bekannter als Troja und Theben und viele Gestirne./Glanzvoll stehest du da, und dich selbst überstrahlt deine Schönheit.»[77] Zwar hat Kaiser Maximilian I. Glareanus höchstpersönlich den Dichterlorbeer überreicht*, überzeugender wirkt der Gelehrte jedoch als Musiktheoretiker. 1547 erscheint bei Heinrich Petri *Dodekachordon*, eine neue Tonarten-Lehre, in der Glareanus die acht Kirchentonarten des Mittelalters auf zwölf erhöht. Mit der Reformation verlässt der Altgläubige Basel und wirkt bis zu seinem Tod in Freiburg im Breisgau als Professor für Dichtkunst.

Werke: Glareanus, Henricus: Helvetiae descriptio: panegyrium, hg. und übers. v. Werner Näf, St. Gallen 1948; Dodekachordon, Neuausgabe, Hildesheim/New York 1969.

Literatur: Schreiber, Heinrich: Heinrich Loriti Glareanus. Gekrönter Dichter, Philologe und Mathematiker aus dem 16. Jahrhundert, Freiburg i. B. 1837; Sauerborn, Franz-Dieter: Heinrich Glarean und die Kölner Ursulalegende von 1507, in: Zwingliana, Bd. 24, Zürich 1997.

* Es kursiert die Geschichte, dass Glareanus einmal mit seinem Pferd zu einer Musikveranstaltung ritt. Da dem gekrönten Dichter der ihm zugewiesene Platz in der Aula zu wenig angemessen schien, blieb er während der ganzen Vorstellung hoch zu Rosse sitzen ...

RUDOLF GRABER 1899–1958

Die Fähren gehören seit seiner Kindheit zu seinem Leben. Nach dem Tod des Vaters zieht Rudolf Graber mit seiner Mutter und drei Geschwistern von Säckingen ins Kleinbasel. Hier wohnt der Elfjährige direkt am Ufer des Rheins. «Da taten es mir die Fähren an mit ihrem Hauch von Schlamm, Wasser, Fischen, ihrer Gemütlichkeit und ihrem behaglichen Zeitvertun und Plaudern und mit ihrer Reihe markanten Fährimannen.»[78] Nach seinem Studium in Deutsch, Französisch und Geschichte unterrichtet er am Gymnasium, Urs **→Widmer** gehört zu seinen Schülern. Dieser erinnert sich viel später in einer traurig-schönen Geschichte an seinen geschätzten Lehrer und dessen Faible für die Holzschiffe: «Dort, auf der andern Rheinseite wohnte er ... Er nahm jeden Tag die Fähre ... Wenn er in der Fähre saß, dachte er immer: Ich möchte so gern mit den Leuten reden, die neben mir auf den Holzbänken sitzen ... Er saß dann aber schweigend da und sah zum Münster hinauf.»[79]

1946 veröffentlicht Graber seinen ersten Roman, der von drei Basler Studenten und ihrer abenteuerlichen *Kahnfahrt durch das wunderschöne Land Frankreich* handelt. Sein Debüt wird mit dem ersten Preis der Büchergilde Gutenberg ausgezeichnet. Zwei Jahre später erscheinen die *Basler Fährengeschichten*, drei Jahre darauf bereits ein Folgeband. Ihnen verdankt Graber seinen Ruf als ‹Fährendichter›. Der einfache Handlungsrahmen ist die Fahrt über den Rhein. Die kurze Auszeit auf dem Boot wird zur Erzählzeit. Fern vom Festland, auf dem Wasser, wird die Welt eine andere. Geschichten kursieren, dargeboten jeweils von den wechselnden Schiffspassagieren. Durch die unterschiedlichen gesellschaftlichen Positionen der Erzählenden fällt dabei ein vielfaches

Licht auf die Stadt, ihre Bewohner und deren Gepflogenheiten. Da ist etwa die Geschichte der *Arbeiter-Riviera* – des schönsten Badeplatzes auf der Kleinbasler Seite: «In der Mittagspause legten sich dort mit nacktem Oberkörper die Arbeiter aus der Chemischen in die Sonne ...», nach Feierabend tummelten sich ‹Büetzer› und junge Frauen am Strand, bis eines Tages ein Badeverbot ausgerufen wurde – weil nacke Arme und Beine gegen die Sitte verstiessen – was die Schwimmenden schliesslich dazu verleitete, erst im Dunkeln ins Wasser zu steigen.

Werke: Kahnfahrt durch das wunderschöne Land Frankreich, Zürich 1946; Basler Fährengeschichten, Zürich 1948; Neue Basler Fährengeschichten, Zürich 1951; Die Basler Fährengeschichten, Neuausgabe, Basel 1985.

Literatur: Bräm, Emil Max: Rudolf Graber. Mensch und Dichter, in: Basler Jahrbuch 1959, Basel 1960.

Hinweis: Vreni Dietler und Balz Engler haben unter dem Titel *Dr Fährima verzellt* 1970 die Geschichten aufgezeichnet, die ihnen der Fährmann Karl Städeli zu berichten wusste. Dieser hat sein Leben lang die Münsterfähre über den Rhein gesteuert und war bekannt für seinen Witz und seine Erzählkunst. Seine Original-Geschichten sind im Gegensatz zu Grabers Erzählungen auf Baseldeutsch wiedergegeben.

SIMON GRYNAEUS 1725–1799

Englische Denker und Dichter sind in der ersten Hälfte des 18. Jahrhunderts auch in Basel im Trend. In der Schützenmatte (→**Literaturhaus Basel**) sitzt der Barbier und Gelegenheitspoet Niklaus Miville auf einem Bänkchen und blättert in Thomsons *Jahreszeiten*. Carl Friedrich →**Drollinger** diskutiert in seiner Amtsstube mit Albrecht Haller über Pope und Shaftesbury. Die Studenten lesen Locke und der Theologe Simon Grynaeus versucht sich in einer Übertragung von Miltons *Paradise regained* ins Deutsche. 1752 erscheint Grynaeus' *Wiedererobertes Paradies*. Das Urteil des Zürcher ‹Literaturpapstes› und Milton-Übersetzers Johann Jacob Bodmer lautet: Pöbelhaft und sehr undeutsch. Dies hält den Basler indes nicht davon ab, sich weiter für die Verbreitung der englischen Literatur einzusetzen.

Grynaeus wird in Basel geboren, studiert Theologie und reist nach der Priesterweihe nach England. Er besucht Cambridge, Oxford und sieht auf Londons Bühnen Shakespeares *Romeo und Julia*. Nach zwei Jahren kehrt er zurück – mit einem Koffer voller Bücher und fest entschlossen, die aufgeklärte Leserschaft seiner Provinzstadt mit der englischen Literatur vertraut zu machen. Das Übersetzen wird für den Junggesellen zur Leidenschaft. Neben seinem Amt als Diakon zu St. Peter überträgt er Youngs *Sieben Satiren*, Thomsons *Jahreszeiten* sowie *Meisterstücke englischer Dichter*. Aus dem Lateinischen überträgt er Erasmus' *Lob der Narrheit* und schreibt eine Neuübersetzung der *Heiligen Schrift*, deren dunkle Ausdrucksweise er als aufgeklärter Theologe aufzuhellen beabsichtigt. Dies bringt ihm das ablehnende Urteil seiner Amtskollegen ein: Er tilge kräftig alle Anthropomorphismen, versetze den Text mit seinen Lieblingswörtern ‹Vernunft›, ‹Tugend› und ‹Aufklärung› und mache aus dem *Hohelied* ein Drama. Auch nicht mehr Anerkennung erhält er für seine Anthologie *Neue Probestücke der englischen Schaubühne*. Bemängelt wird hier das fehlende Sprachgefühl für die Reimkunst. Die Verse seien «bisweilen so holpricht, die Harmonie und der Abschnitt so verabsäumt, kurz, so – schweizerisch.»[80] Was dem unermüdlichen Vermittler indes unbestritten zu Ehren gereicht: In dieser Sammlung befindet sich die erste deutsche Übersetzung von *Romeo und Julia*.

Werke: Vier auserlesene Meisterstücke so vieler englischer Dichter: als Priors *Salomon*, Popens *Messias*, Youngs *Jüngster Tag*, Glovers *Leonidas*, Basel 1757; Neue Probestücke der englischen Schaubühne, aus der Ursprache übersetzt von einem Liebhaber des guten Geschmacks, Basel 1758; Das neue Testament in einer erklärenden Übersetzung, Basel 1774; Die Heilige Schrift, Basel 1776.

Literatur: Küry, Hans: Simon Grynaeus von Basel. 1725–1799. Der erste deutsche Übersetzer von Shakespeares Romeo und Julia, Zürich/Leipzig 1935 (mit biografischen Hinweisen und einem Werküberblick).

JOHANN PETER HEBEL 1760–1826

In den Siebzigerjahren des 20. Jahrhunderts, als sich in Kaiseraugst der Widerstand gegen das geplante Atomkraftwerk formiert, ist auch der Dichter Johann Peter Hebel mit dabei: Zitiert wird häufiger *Vergänglichkeit*, sein poetischer Beitrag, in dem er in grusligen Bildern das Ende der Welt beschreibt: «Der Belche stoht verchohlt, / der Blauen au, as wie zwee alti Türn, / und zwische drin isch alles use brennt / …'s isch alles öd und schwarz, / und totestill, so wit me luegt – …»

Hebel solle nicht bloss einmal, sondern zehnmal gelesen werden, rät 1803 schon Jean Paul in seiner Rezension der *Alemannischen Gedichte*, zu welchen auch die *Vergänglichkeit* gehört. Der bedeutende Mundartdichter zeigt sich hier nicht nur als gemütvoller Idylliker aus dem Wiesental – Hebel dichtet auch als leidgeprüfter Melancholiker, der von der Hinfälligkeit alles Irdischen und von der Mühsal des Lebens zu erzählen weiss. Früh hat er seinen Vater verloren. Mit seiner Mutter, die sich als Magd verdingt, lebt er während der Sommermonate im Wiesentaler Bauerndorf Hausen und winters im vornehmen Basler Stadthaus am Totentanz 2. Als er vierzehn Jahre alt ist, stirbt auch seine Mutter. Von Mentoren unterstützt, beendet er in Karlsruhe das Gymnasium und studiert in Erlangen Theologie. Nach dem Studium hofft er elf Jahre lang vergeblich auf ein Pfarramt. Er wirkt als Hauslehrer und Seelsorger und wird dann ans Lörracher Pädagogium berufen. Schliesslich kehrt er nach Karlsruhe zurück, wo er rund zweitausend Jünglinge in Sprachen und Wissenschaften unterrichtet und zum ‹Professor extraordinarius der dogmatischen Theologie und hebräischen Sprache› ernannt wird. Um 1800 entstehen, nach einer Reise ins Wiesental, seine *Alemannischen*

Gedichte. Weil der Basler Verleger Samuel Flick sie mit der Begründung ablehnt, so zu dichten wie man rede sei keine Kunst, erscheinen sie 1803 in einer Auflage von 1200 Exemplaren in Karlsruhe – anonym. Der Erfolg ist unerwartet gross. Selbst Goethe widmet ihnen eine Rezension. Im selben Jahr verfasst Hebel erste epische Beiträge für den *Rheinischen Hausfreund*, dessen Redaktion er 1807 übernimmt. In diesem Jahreskalender, mit einer zeitweiligen Auflage von 50 000 Exemplaren, veröffentlicht Hebel auch Eigenes: politische Begebenheiten, Mordgeschichten und edle Handlungen aus der neusten Vaterlandsgeschichte. Seine Erzählungen werden später durch den Verleger Johann Friedrich Cotta als «die interessantesten Artikel des Hausfreundes» im *Schatzkästlein* publiziert. 1824 legt Hebel alle Schulämter nieder. In einem Brief an seine Jugendliebe Gustave Fecht, die er zeitlebens siezt, schreibt er 1825: «In noch 5 Jahren bin ich siebzig. Alsdann bitte ich um mein Ruhegehalt und komme heim. Ich bin bekanntlich in Basel daheim.»[81] Heim kommt er nicht mehr, seine Vaterstadt hat ihn dennoch gewürdigt: Von keinem andern Dichter gibt es in dieser Stadt sowohl eine nach ihm benannte Strasse, als auch ein Haus, einen Platz, ein Café, ein Denkmal, eine Gesellschaft und eine Einrichtung wie das ‹Hebelmähli›* (→**Hebel-Denkmal**).

Werke: Alemannische Gedichte, Karlsruhe 1803; Schatzkästlein des Rheinischen Hausfreundes, Tübingen 1811; Briefe, 2 Bde., Karlsruhe 1957.

Literatur: Liebrich, Fritz: Johann Peter Hebel und Basel, Basel 1921; Johann Peter Hebel. Wesen, Werk, Wirkung, hg. v. der Basler Hebelstiftung, Basel 1990.

* 1860 stifteten die Basler Hebelfreunde das ‹Hebelmähli›. Den elf ältesten Männern des Dorfes Hausen sowie dem Bürgermeister wird jeweils am 10. Mai ein einfaches Mahl mit einer Flasche Markgräfler spendiert (so lautet des Dichters Vermächtnis). 1925 dann wurden auch die zwölf ältesten Dorfbewohnerinnen berücksichtigt: Sie wurden nach dem Essen zu Kaffee und Kuchen geladen. Seit 1972 dürfen die Frauen nun auch am ‹Mähli› teilnehmen.

HERMANN HESSE 1877–1962

«Ich hatte keinen anderen Wunsch, als nach Basel zu kommen; es schien dort etwas auf mich zu warten, und ich gab mir alle Mühe, als junger Buchhandlungsgehilfe eine Stelle ... zu finden.»[82] Im Herbst 1899 lässt sich Hesse am Rheinknie nieder, mit Nietzsches Werken und einer Kopie von Böcklins *Toteninsel* im bescheidenen Reisegepäck. An einem der ersten Sonntage klopft er beim Archivar und Festspieldramatiker Rudolf **→Wackernagel** an und findet schnell den Anschluss an das kulturelle und gesellschaftliche Leben in der Stadt. Im ‹Storchen› trifft man sich zum Billardspiel, im Restaurant ‹Helm› zum Abendtrunk. Dort betreibt der junge Dichter auch seine Studien, «deren Ergebnis die Camenzindschen Hymnen auf den Wein waren.»[83] Stunden verbringt Hesse im Kunstmuseum und übt sich im autodidaktischen Bilderstudium; er liest Jacob Burckhardt* und Friedrich Nietzsche. An lauen Sommerabenden flaniert er vom Nachtigallenwäldchen in den Schützemattpark (**→Literaturhaus Basel**), dem bevorzugten Spielort seiner Kindertage.** Schon jetzt arbeitet er an seinem ersten Prosawerk *Hinterlassene Schriften und Gedichte von Hermann Lauscher*. In mild-verklärten Stimmungsbildern erinnert er sich darin an seine ersten fünf Basler Kinderjahre. Sein Debüt erscheint im Verlag der Basler ‹Reich'schen Buchhandlung›, wo Hesse während zwei Jahren sein Geld verdient. 1901 wechselt er die Strassenseite und arbeitet nun im Antiquariat ‹Wattenwyl› am Pfluggässlein. Ständig ist der unruhige Geselle am Umziehen, sechsmal wechselt er seinen Wohnort. An der Holbeinstrasse 21 lebt er eine Weile mit dem Architekten Heinrich Jennen*** zusammen, am längsten (ein Jahr) hält er es an der Mostackerstrasse aus. Seinen Eltern schreibt er von dort: «Die Bude ist ein Loch, geht aber auf den Garten, und was die Hauptsache ist, ich hoffe dort gut bedient zu werden, auch mit Knopfannähen etc.»[84] Am vornehmsten logiert er im ‹Sausewind› in der St. Alban-Vorstadt: Das Zimmer behagt dem Jüngling indes nicht lange. Um drei Uhr morgens rumpeln die Milch- und Marktwagen vom Albantor her über das Steinpflaster und rauben ihm den Schlaf.

1903 erhält Hesse unerwartet einen Brief des renommierten Frankfurter Verlegers Samuel Fischer, der ihn um publikationsreife Texte bittet. Hesse sendet ihm sein eben beendetes Manuskript *Peter Camenzind*. Nach einem Vorabdruck in der *Neuen Rundschau* erscheint der Roman 1904 – und macht den Unbekannten schlagartig berühmt. Im gleichen Jahr heiratet Hesse die zehn Jahre ältere Maria Bernoulli, Fotografin aus vornehmem Basler Geschlecht, und zieht mit ihr an den Bodensee. Von dort schreibt Hesse an Stefan Zweig: «Meine Hochzeit ging im Galopp. Da der Schwiegerpapa nicht einverstanden ist und nichts von mir will, kam ich dahergereist, solang er gerade nicht in Basel war, dann gings subitissimo aufs Standesamt. Nun grollt der Alte von ferne, scheint aber allmählich sich zu beruhigen.»[85] Fern von Basel bleibt vorläufig auch Hesse. Erst zwanzig Jahre später, im Winter 1924, hält er sich nochmals länger hier auf. Anlass dazu gibt ihm Ruth Wenger, Lisa **→Wengers** Tochter und seine zweite Gattin. Während die Sängerin im ‹Hotel Krafft› logiert, haust der Schriftsteller in einem Mansardenzimmer an der Lothringerstrasse. Tagsüber schreibt er in der **→Universitätsbibliothek** am *Steppenwolf*. «Am Abend erscheine ich dann im Appartement der Frau Hesse, finde irgend etwas zum Abendessen bereit, und dann bringen wir den Abend miteinander zu, in Gesellschaft der Katze, des Hundes und des Papageis Koko ... Dann gehe ich im Nachtnebel wieder den Rhein entlang in mein Quartier.»[86]

Werke: Hinterlassene Schriften und Gedichte von Hermann Lauscher, Basel 1901; Peter Camenzind, Berlin 1904; Steppenwolf, Berlin 1927.

Literatur: Schnierle-Lutz, Herbert: Literaturreisen. Auf den Spuren Hermann Hesses von Calw nach Montagnola, Stuttgart 1991.

* Im *Glasperlenspiel* (1943) huldigt Hesse dem von ihm sehr geschätzten Jacob Burckhardt mit der Figur des Pater Jakobus.

** «Und die große, für mich Kleinen endlos große Schützenmatte, damals unbebaut vom Schützenhaus bis zum ‹Neubad› hinaus, war mein Schmetterlingsjagdgebiet», schreibt Hesse über seine erste Basler Zeit in seinen *Basler Erinnerungen* (wie Anm. 82, S. 615). Sein Vater, bis dahin im schwiegerväterlichen Verlagsverein in Calw beschäftigt, wird 1881 ans Basler Missionshaus gerufen, wo er während fünf Jahren als Lehrer und Herausgeber des Missionsmagazins wirkt. 1886 kehrt er mit seiner Familie zurück nach Calw.

*** Dieser wirkte bei der damaligen Neugestaltung des Rathauses mit. In jener Zeit entsteht Hesses Erzählung *Das Rathaus*. Der Skandal um den Neubau war für Hesse Anlass, eine literarische Verteidigungsschrift für seinen Wohngenossen zu schreiben. Gleichzeitig thematisiert Hesse darin auch das Verhältnis von bürgerlicher Tradition und fortschrittlichem Künstlertum. Die Erzählung bleibt Fragment und wird erst 1977 aus dem Nachlass veröffentlicht. – S. dazu: Jösel, Martin: Das Rathaus in Basel – ein Erzählung von Hermann Hesse, in: Das Markgräflerland, Bd. 1, Schopfheim 1996.

ELISABETH HETZEL 1835–1908

«Die Basler charakterisirt vor allem die unglaubliche Zähigkeit, mit welcher sie an alten Gebräuchen, an Sitten, aber auch an Vorurtheilen hangen.»[87] Zum schlagenden Beweis erinnert die Schreiberin an die Zeit, als die Basler Glocken, abweichend vom helvetischen Zeitmass, jeweils eine Stunde früher schlugen. Die Rückstellung der Stadtuhren im Jahr 1798 ist eine der unzähligen Episoden, mit denen Elisabeth Hetzel in ihrem Roman *Vergangene Zeiten* die Eigenheiten ihrer Stadt beschreibt. Vor dem Hintergrund ihrer Schilderung von vier Familien und deren Seitenlinien verfasst sie eine Art Basler Mentalitätsgeschichte. Ihr Debüt erscheint 1879 und bleibt ziemlich unbeachtet.

Die Fabrikantentochter, früh mit einem Verwandten in Russisch-Polen verheiratet, kehrt nach dessen Tod mit ihren Kindern 1867 nach Basel zurück. Auf Anregung von Gottfried Wackernagel, Sohn des Germanisten Wilhelm **→Wackernagel** und Redakteur bei den *Basler Nachrichten*, beginnt sie regelmässig literarische Skizzen zu veröffentlichen. Während drei Jahrzehnten schreibt sie über lokale, kulturelle und persönliche Ereignisse, erzählt von einheimischen und ausländischen Künstlern, vom Genfersee und ihren Erfahrungen in Russisch-Polen. 1885 publiziert sie ihre gesammelten Aufsätze unter dem Titel *Haimelig*. Immer schon mehr dem Journalistischen als dem Literarischen zugetan, beginnt sie wenige Jahre vor ihrem Tod mit Recherchen zu den Baselbieter ‹Nach-Wirren› der Vierzigerjahre. Sie bereist den Nachbarkanton Basel-Landschaft, beschäftigt sich mit dem Leben der ‹Landschäftler› und verarbeitet ihre Erfahrungen in einem historischen Roman. *Altfränkische Leut* erscheint schliesslich als Vorabdruck in der Sissacher *Volksstimme* und wird posthum 1911 als Buch publiziert.

Werke: Haimelig. Für Jung und Alt, Basel 1855; Vergangene Tage. Eine Basler Familiengeschichte, Basel 1879; Altfränkische Leut. Eine zahme Geschichte aus bewegten Tagen, Sissach 1911.

Literatur: Socin, Alfred: Basler Mundart und Basler Dichter, 74. Neujahrsblatt der GGG, Basel 1895; Jenny, Ernst: Basler Dichtung und Basler Art im 19. Jahrhundert, 105. Neujahrsblatt der GGG, Basel 1927.

ROLF HOCHHUTH 1931

Mit dem Nachtzug trifft er in Basel ein, an einem schönen Morgen im Herbst. Anlass dazu gibt dem zweiunddreissigjährigen Rolf Hochhuth sein Theaterstück. Am 24. September 1963 hat der *Stellvertreter* den Schweizer ‹Erstauftritt›. Das Schauspiel, in dem Rolf Hochhuth die Haltung des Vatikans gegenüber dem Holocaust anprangert, hat nach seiner Berliner Uraufführung zu heftigen Kontroversen geführt. Auch in Basel sorgt die Papstkritik für Aufruhr. Am Premierentag wird in der Stadt protestiert, am Abend schützen Ordnungshüter das Theater vor katholischen Randalierern.* Dies hält den aus dem Hessischen stammenden Autor und ehemaligen Buchhändler nicht davon ab, sich hoch über dem Rhein in jenem Haus niederzulassen, in dem fünfhundert Jahre zuvor Sebastian **→Brant** gelebt hat. Was hat ihn nach Basel gezogen? «Der Reiz der ersten Stunden ist hier wie überall unwiederholbar; aber die kritisch wohlwollende Aufnahme des Fremden durch die hiesigen Bürger, die so erfrischend spottlustig sind, bis zu den zweihundert Polizisten, die ... das Theater vor denen geschützt haben, die es stürmen wollten, hält mich gefühlsmäßig für immer in dieser Stadt.»[88]

Seit vierzig Jahren lebt Hochhuth nun, unterbrochen von längeren Berlinaufenthalten, in Basel. Und seit vierzig Jahren ist er ein ‹Aufreger›. Das Theater versteht er mit Schiller als moralische Anstalt, und für diese Institution schreibt er seine Stücke – sein ‹Dokumentartheater›. Unermüdlich und unerschrocken greift er brisante Stoffe auf, überzeugt von der politischen Wirksamkeit seiner Arbeit. In *Ärztinnen* kritisiert er die Praktiken der Pharmaindustrie, die Auseinandersetzung mit Churchill (*Soldaten*) beschert ihm einen Eintrag ins englische Fahndungsbuch. Für sein engagiertes Schaffen erhält er bereits 1976 den Kunstpreis der Stadt Basel.

Als der Dichter, der noch immer ein leidenschaftlicher Fahrradfahrer ist, im hiesigen **→Literaturhaus Basel** seinen Geburtstag feiert, hält der Festredner Hans Saner fest: «Der *Stellvertreter* ist vermutlich das einzige Drama der deutschen Literatur im 20. Jahrhundert, von dem man sagen darf, dass es im Bewusstsein der Weltöffentlichkeit eine Spur, eine bleibende Frage hinterlassen hat.»[89]

Werke: Stellvertreter, Hamburg 1963; Soldaten, Hamburg 1967; Ärztinnen, Hamburg 1980.

* Der *Stellvertreter* kostete den jungen Theaterkritiker Paul Schorno beinahe seinen Job. Aufgrund seiner Besprechung für das katholische *Basler Volksblatt*, in welcher er Hochhuths Kritik als eine durchaus berechtigte gelten liess, bestellten dutzende von Lesern ihr Abo ab. Der Chefredakteur sah sich veranlasst, dem Journalisten zu kündigen. Dank vehementem Einspruch des stellvertretenden (!) Chefredakteurs konnte der Journalist dann doch bleiben.

WERNHARD HUBER 1753–1818

Als Dichter geniesst er einen zweifelhaften Ruf. Dafür ist der Apothekermeister ein überzeugter Anhänger der Revolution. 1787, im Gründungsjahr der →**Allgemeinen Lesegesellschaft**, veröffentlicht er den Band *Funken vom Heerde seiner Laren der Freundschaft der Wahrheit dem Scherze* – eine kuriose Textsammlung, die ihm den Übernamen ‹Larifunkus› einbringt. Darin erprobt er alle möglichen Literaturformen: patriotische Verse und Trinklieder mit Notation, längere Erzählungen und lyrische Lebensklagen.

Beim Bierbrauer Erlacher, im Haus ‹zum Rheineck› (das 1850 abgerissen wird), formiert sich zu jener Zeit der Widerstand gegen die alteingesessene Regierung. Hier verkehrt auch Huber. Dem konspirativen Männerbund gehören nicht etwa unterprivilegierte Bürger, sondern vornehmlich die Herren der führenden Oberschicht an: Peter →**Ochs** und sein Schwager Johann Jakob Vischer, der Landvogt und Fabrikbesitzer Lukas Legrand, der Notar Emanuel Brenner Kaufmann. Die Basler Patrioten agieren unter dem Namen ‹Rheineck-Kämmerlein›, ihre Absicht ist «die Gemüther nach und nach zu einer Veränderung» vorzubereiten und «auf die Ungerechtigkeit der Vorrechte und den Unzusammenhang des baufälligen Schweizergebäudes»[90] hinzuweisen. Als vordergründig harmlose Herrengesellschaft getarnt, entwickelt die Runde im Geheimen Strategien zu einer Revolution von oben. Die Neuordnung der politischen Verhältnisse findet denn auch unter Ausschluss des Volkes aber zu dessen Gunsten statt. Nach der erfolgreichen Umwälzung wählt die provisorische Nationalversammlung Larifunkus-Huber zu ihrem ersten Präsidenten. In der Helvetischen Republik wird er in den Grossen Rat gewählt, muss 1800 jedoch durch Losentscheid wieder abtreten. Als helvetischer Kommissär reist er ins Solothurnische, von wo aus er unerbittlich gegen die drohende Auflösung der Helvetik ankämpft. Nach deren Ende zieht er sich als Privatgelehrter und Bibliothekar in Bern zurück.

Werke: Funken vom Heerde seiner Laren der Freundschaft der Wahrheit dem Scherze, Basel 1787.

ISAAK ISELIN 1728–1782

Die Erziehung der Jugend ist ihm ein Anliegen und die Literatur scheint ihm dazu ein geeignetes Mittel zu sein. Seinen Söhnen und Töchtern liest Isaak Iselin allabendlich vor: aus dem *Don Quijote*, der *Ilias*, der *Odyssee*, sogar aus Sophie von La Roches *Geschichte des Fräulein von Sternheim.*

Gemeinsam mit sechs wohlhabenden Bürgern gründet er 1777 die ‹Gesellschaft zur Aufmunterung und Beförderung des Guten und Gemeinnützigen› (GGG).[91] Aber erst dreissig Jahre später wird am Münsterplatz 8 die ‹Leseanstalt für die Jugend› eröffnet: Am Dienstag, den 17. Februar 1807, morgens um 11 Uhr, ist es so weit. Ob die Kinder die Säle stürmten, ist nicht überliefert. Was man hingegen weiss: Die neu eingerichtete ‹Leseanstalt› wird alsbald von 129 Familien rege benutzt.*

In Isaak Iselins eigener Kindheit hat es keinen Geschichten erzählenden Vater gegeben. Kurz nach Iselins Geburt setzt sich dieser nach Berlin ab. So wächst er mit der Mutter und der Grossmutter im St. Johannsquartier auf. Seine Mutter, der er zeitlebens innig verbunden bleibt, ist jedoch eine gebildete Frau. Sie schickt ihren Sohn ans Gymnasium. In Göttingen und Basel studiert er schliesslich Jurisprudenz und schliesst mit einer viel beachteten Arbeit über das eidgenössische Staatsrecht ab. Mit fünf pathetischen Gedichten debütiert er wenig später als Lyriker, ohne nachhaltigen Erfolg. Sein Dichtertum führt ihn aber in den **→Salon Geymüller**, wo Kuchen gegessen und über Literatur debattiert wird.

Nach einem halbjährigen Aufenthalt in Paris, wo er Rousseau und der Zivilisationskritik begegnet, kehrt Iselin zurück nach Basel. Er ist nun fast dreissig Jahre alt, unverheiratet, ohne Arbeit und noch immer voller Träume. Drei Mal liest er Platons Werk, führt das Leben eines freien Akademikers, schreibt Tagebuch und veröffentlicht ein schmales Bändchen mit dem Titel *Philosophische und patriotische Träume eines Menschenfreundes*, in welchem er seine Ansichten über Staatspflichten und Bürgerrechte darlegt. Die Basler Zensur lässt die in Philosophenkreisen viel beachtete Schrift mit dem Vermerk «Imprimatur periculo auctoris» durchgehen.

Als 1756 die Stelle des Ratsschreibers frei wird, übernimmt Iselin das ehrenvolle Amt, das dem zeitkritischen Beobachter allerdings wenig politische Handlungsmöglichkeiten gewährt.** Im gleichen Jahr heiratet er Helene Forcart. Mit Frau und wachsender Kinderschar zieht er 1765 in den ‹Reischacherhof› am Münsterplatz.

Mit den Jahren, als das Protokollschreiben längst Routine ist, erledigt Iselin während den Sitzungen seine Privatkorrespondenz, träumt von einer Göttinger Professur, entwirft Reformen für das Schul- und Staatswesen und ärgert sich über die behäbige Selbstzufriedenheit seiner alteingesessenen Ratskollegen. «Man malet, putzet, zieret unsere Ratsstube, aber die Köpfe bleiben immer die gleichen»,[92] notiert er 1764 anlässlich der Renovation der Ratsstube. Im selben Jahr veröffentlicht er das Werk, das seinen publizistischen Durchbruch in Europa bedeutet: *Über die Geschichte der Menschheit*. Mit seiner ab 1776 erscheinenden Monatszeitschrift *Ephemeriden der Menschheit*, die er bis zu seinem Tod herausgibt, schafft sich der Populärphilosoph ein weiteres Forum für seine politischen Ideen. Korrespondenten aus aller Welt publizieren Beiträge zu unterschiedlichen Zeitthemen. Pestalozzi*** veröffentlicht hier 1780 seine *Abendstunde eines Einsiedlers*, daneben finden sich Artikel zur Staats- und Sozialordnung, religiöse und philosophische Abhandlungen, Kultur- und Mentalitätsgeschichtliches. Diskutiert wird auch die Einrichtung einer Töchterschule (→**Weisses Haus**). Das Magazin erscheint mit internationalem Erfolg.

In der fünf Jahre vor seinem Tod gegründeten GGG bekleidet Iselin das Amt des Präsidenten. Hundert Jahre später wird im ‹Schmiedenhof›, wo sich heute die Hauptstelle der GGG befindet, sein Standbild feierlich enthüllt.

Literatur: Im Hof, Ulrich: Isaak Iselin. Sein Leben und die Entwicklung seines Denkens bis zur Abfassung der *Geschichte der Menschheit* von 1764, 2 Bde. (Bd. 1: Isaak Iselins Leben und Bildungsgang bis 1764; Bd. 2: Iselins Stellung in der Geistesgeschichte des 18. Jahrhunderts), Basel 1947; Ders.: Isaak Iselin. 1728–1782, in: 138. Neujahrsblatt der GGG, Basel 1960; Follmann, Sigrid-Ursula: Gesellschaftsbild, Bildung und Geschlechterordnung bei Isaak Iselin in der Spätaufklärung, Münster 2002; Sommer, Andreas Urs: Geschichte als Trost. Isaak Iselins Geschichtsphilosophie, Basel 2002.

* Über die Anfänge und die Entwicklung der ‹Leseanstalt› informiert eine Broschüre, welche die ‹Allgemeine Bibliothek der GGG› anlässlich ihres 175. Geburtstages herausgegeben hat.

** Genau besehen verdankt Iselin seinem Onkel Oberst Burckhardt die Stelle: Dieser bietet Stadtschreiber Forcart an, sein Neffe würde dessen Tochter heiraten, wenn Forcart und sein Schwiegervater, Oberzunftmeister Faesch, Iselins Kandidatur erfolgreich unterstützten. Beides geschieht.

*** Iselin und Pestalozzi verbindet eine treue Freundschaft. Die beiden lernen sich in den Siebzigerjahren in der ‹Helvetischen Gesellschaft› kennen, die Iselin 1761 in Schinznach mitbegründet und deren Präsidentschaft er 1764 übernommen hat. Dank Iselins Beistand vermag Pestalozzi die Krise nach dem Scheitern seines Neuhofprojekts zu überwinden. 1781 verhilft Iselin schliesslich dem ersten Band von Pestalozzis *Lienhard und Gertrud* zur Veröffentlichung.

GERTRUD ISOLANI 1899–1988

«In der Ferne sahen wir die hohen Berge der Pyrenäen, keinen Wald, keinen Baum, ein schlammiges Gelände. Wir waren in GURS, der Barackenstadt mit den vielen Frauen, der ‹Stadt ohne Männer›».[93] Einen Monat verbringt Getrud Isolani mit ihrer Tochter in der berüchtigten Strafanstalt. Bei Kerzenlicht sitzt sie nachts über ihrem Heft. «Jedes Erlebnis mußte ich sofort niederschreiben, aus mir herausschleudern, es verwandelte sich immer in Literatur.»[94]

Bereits mit neunzehn Jahren, als Isolani im Berlin der Weimarer Republik lebt, veröffentlicht sie ihr erstes Buch, eine Studie über Christian Morgenstern. Ihr Vater ist der Theaterkritiker und Journalist Eugen Isaacsohn, der sich wegen des aufkommenden Antisemitismus ‹Isolani› nennt. Auch sie beginnt früh für Zeitungen und den Rundfunk zu arbeiten, «nimmt kein Blatt vor den Mund.» Die Nazis beschimpfen sie als «Asphaltliteratin» und jüdische Kulturbolschewistin. Sie beschäftigt sich eingehend mit Sigmund Freud, besucht die Uraufführung von Brechts *Dreigroschenoper*, bewundert Stefan Zweig und wird von Joseph Roth bewundert. 1933 flieht sie mit Mann und Kind nach Paris. Der Emigration folgt die Internierung im Frauenlager Gurs. Mit Hilfe ihres Mannes gelingt es Isolani, das Lager zu verlassen. ‹Vogelfrei›, taucht die Familie in einem südfranzösischen Nest unter, Isolani arbeitet an ihrem Tatsachenroman. Ihre Schilderungen über die weibliche Zwangsgemeinschaft schickt sie den *Basler Nachrichten* zum Vorabdruck, 1945 erscheinen sie in Buchform. *Stadt ohne Männer* wird Isolanis bedeutendstes wie auch eindrücklichstes Werk. Aus der Perspektive der Figur Carola schildert sie das Leben dieser Frauen, die alle «wie Raketengeschosse blitzartig in ein anderes Dasein … in ein Leben ohne Mann»[95] geschleudert werden. Zwischen ihnen entsteht «eine einzigartige, trotz aller Mängel großartige Gemeinschaft der Frauen, eine Art ‹Frauenstaat›, wie ihn schon Philosophen und Schriftsteller aller Länder und Zeiten erträumt haben.»[96]

1942 müssen die Isolanis erneut fliehen. Über den französischen Jura erreichen sie die Schweiz. Monate verbringen sie in Flüchtlingslagern. Hier finden sie schlechte Ernährung, harte Arbeit und eine teilweise offene Judenfeindschaft vieler Aufseherinnen vor. Obendrein wird der Familie die traumatisierte Tochter Ursula entrissen und in eine ‹Irrenanstalt› gesteckt. Einem engagierten Pfarrer verdanken sie schliesslich den neuen Heimatort Binningen. 1945 stirbt Gertrud Isolanis Mann, sie wird 1966 Ortsbürgerin. 1979 erscheint ihr längst vergriffener Roman *Stadt ohne Männer* in einer Neuauflage. Und 1985 veröffentlicht sie ihren Memoirenband *Kein Blatt vor dem Mund.* Neben biografischen Aufzeichnungen finden sich darin auch journalistische Beiträge, in denen sie etwa von der ‹Entdeckung› des jungen Friedrich →**Dürrenmatt** berichtet oder den Basler Dichtern René Regenass und Dieter →**Fringeli** ein Porträt widmet. Ihren Lebensabend verbringt Isolani im Altersheim ‹La Charmille› in Riehen.

Werke: Malererbe. Studie zum Lebenswerk Christian Morgensterns, Berlin 1920; Die Geschichte des *Melderbaums*. Zwei Schuljahre aus dem Leben Christian Morgensterns, von Ger Trud [d.i. Gertrud Isolani], in: Morgenstern, Christian: Der Melderbaum, Berlin 1920; Stadt ohne Männer, Zürich 1945 (Neuausgabe, Basel 1979); Kein Blatt vor dem Mund. Briefe – Gespräche – Begegnungen, Basel 1985.

ZOË JENNY 1974

Kafka mag sie und Sätze, die bloss andeuten, statt erklären; Geschichten, die nicht zu Ende erzählt werden. Zoë Jenny wächst in einer Bücherwelt auf. Ihr Vater (→ **Kannenfeldpark**; → **Literaturhaus Basel**) verlegt Titel, die nie zu Bestsellern avancieren, in der Waschküche im Keller riecht es nach Druckerschwärze und nachts klappert die Schreibmaschine. Als Schülerin will sie nur lesen und schreiben und nach dreizehn Schuljahren darf sie endlich nur noch lesen und schreiben. Mit Gelegenheitsarbeiten verdient sich Jenny das nötige Geld, daneben arbeitet sie an ihrem Roman. An den Solothurner Literaturtagen liest sie erstmals Auszüge aus *Das Blütenstaubzimmer* vor. Im August 1997 erscheint die schmale Erzählung, bis Ende Jahr sind 60 000 Exemplare verkauft. Kaum eine Schweizer Zeitung, die nicht irgendetwas über Zoë Jenny zu berichten weiss, die Rezensionswelle wogt bis nach New York, wohin sich die Autorin denn zeitweilig auch zurückzieht. Auszeichnungen und Preise häufen sich. Bis heute hat sich *Das Blütenstaubzimmer* rund 260 000 Mal verkauft, Übersetzungen liegen in sechsundzwanzig Sprachen vor. Mit der Geschichte, die auch ihre eigene ist, hat Jenny das Lebensgefühl ihrer Generation getroffen: Jo, die verlorene Tochter, sucht die abwesende Mutter. Was sie findet, sind Geschichten, die nicht zu Ende erzählt sind. Unterdessen hat Jenny zwei weitere Romane und ein Kinderbuch veröffentlicht und schreibt Kolumnen für verschiedene Zeitungen. Die engen Basler Gassen hat die Autorin verlassen und lebt jetzt in London. Sie mag die Anonymität grosser Städte. Und neben Kafka auch die Sätze der englischen Literaten.

Werke: Das Blütenstaubzimmer, Frankfurt 1997; Der Ruf des Muschelhorns, Frankfurt 2000; Mittelpünktchens Reise um die Welt, Hamburg 2001; Ein schnelles Leben, Berlin 2002.

DAVID JORIS 1501–1556

Lange brauchte Jan van Brugge nicht auf sein Basler Bürgerrecht zu warten. Anfang April 1544 beantragt, kann sich der Glaubensflüchtling aus den Niederlanden bereits Ende des Monats mit seiner Grossfamilie in Basel niederlassen. Der wohlbegüterte Edelmann erwirbt bald den ‹Spiesshof› am oberen Heuberg und das Binninger Wasserschloss samt Hausrat und Vieh; in Gundeldingen kauft er ein stattliches Gutshaus – gleich neben jenem von Thomas →**Platter**. Schnell geniesst van Brugge gesellschaftliches Ansehen, unterstützt finanziell Platters Schüleraufführungen und illustriert im Schloss sein *Wunderbuch*, das in Holland bereits in die zweite Auflage geht. Von diesem Werk weiss der Basler Bekanntenkreis allerdings ebenso wenig, wie von seinem bewegten Vorleben. Oder will es nicht wissen.* Als der fromme Emigrant 1556 stirbt, wird er jedenfalls in der St. Leonhardskirche ehrenvoll bestattet. Erst drei Jahre später entdeckt die Obrigkeit, wem sie einst das Bürgerrecht erteilt hat: Der Holländer ist kein Geringerer als David Joris, ein weitherum gesuchter Ketzer. In jungen Jahren von einer göttlichen Vision heimgesucht, versteht sich Joris als Bote Gottes, gründet eine mystisch-spirituelle Glaubensgemeinschaft, propagiert Polygamie und Gewaltlosigkeit und ist sich sicher, dass die *Heilige Schrift* nicht die letzte Wahrheit verkündet. In seiner Heimat verfolgt, taucht er unter und erscheint in Basel mit neuem Namen. «Gab ein gros geschrey in der stat»,[97] notiert Felix Platter in sein Tagebuch, als Joris wahre Identität zutage tritt. Um zu vermeiden, dass Basel zum Gespött der Nachbarländer wird, muss der Rat handeln. Er verurteilt den toten Joris zum Tode. Tausende stehen laut Platter am Steinentor, als dort am Ostersamstag sein Sarg geöffnet und der einbalsamierte Leichnam samt Ketzerschriften und Bildnis verbrannt wird. Sein Porträt übrigens, gemalt von einem unbekannten Meister, ist noch heute im Kunstmuseum zu bestaunen.

Literatur: Burckhardt, Paul: David Joris und seine Gemeinde in Basel, in: Basler Zeitschrift für Geschichte und Altertumskunde, Bd. 48, Basel 1949; Jösel, Martin: Am Heuberg spukt es: David Joris, in: Basler Stadtbuch 1996, Basel 1997; Zijlstra, Samme: Charisma und Toleranz: David Joris' Briefwechsel mit verschiedenen Autoritäten, in: Basler Zeitschrift für Geschichte und Altertumskunde, Bd. 98, Basel 1998.

* Dass einige Bürger von seiner wahren Identität wussten, verrät Felix Platter in seinem Tagebuch. «Den [ein in Binningen ansässiger] Tischmacher hab ich oft gehört heimlich darvon mit meim vatter reden, eb es lautbrecht wardt.» S. dazu: Platter, Felix: *Tagebuch 1536–1567*, hg. v. Valentin Lötscher, Basel 1976, S. 349 ff.

KARL GUSTAV JUNG 1794–1864

Als Professor Jung 1822 die medizinische Fakultät betritt, begrüssen ihn eine Schar Barbiergesellen und ein einziger Student. Basels angehende Ärzte haben die heruntergekommene Universität verlassen, die Lehrstühle sind verwaist, die Hörsäle staubig.* Jung kommt direkt aus seinem Pariser Exil.

Als Student gehört Karl Gustav Jung der revolutionären Burschenschaft an, die ihrem Streben und Hoffen auf ein freiheitlich geeintes Deutschland stürmisch Ausdruck verleihen. Jungs radikales Motto lautet: «Wir müssen den Fels sprengen, der sich der Einführung des neuen Geistes in unser Leben entgegenstellt.»[98] 1817 wird er, unterdessen dozierender Wissenschaftler an der Universität in Berlin, verhaftet. Nach neunzehn Monaten kommt er frei, muss aber wegen staatsfeindlicher Umtriebe Preussen verlassen. Er geht nach Paris, lernt dort Alexander von Humboldt kennen. Dieser vermittelt ihm die Basler Professur – was dem arbeitslosen Emigranten äusserst gelegen kommt. 1822 trifft er in der Stadt ein und übernimmt sogleich den neu geschaffenen Lehrstuhl für Anatomie. Vor dem Hintergrund der Hochschulreformen von 1818 reorganisiert er den Unibetrieb und führt die Fakultät zu neuer Blüte.

Während der Basler Trennungswirren in den Dreissigerjahren erinnert sich Jung wohl seiner bewegten Vergangenheit: Er veröffentlicht unter dem Pseudonym ‹Demius› das Drama *Die Revolution*. In seinem kritisch-ironischen Szenenspiel ergreift er allerdings die Partei der Stadtbürger. Den Revolutionären aus dem Baselbiet begegnet der Dichter mit Spott. Unter einem Freiheitsbaum lässt er seinen Protagonisten mit rührigen Worten zum Kampf aufrufen: «In unsrer Wiege tönte ein Wort, das uns erfüllt,/Das wie in zarte Windeln das Heil der

Menschheit hüllt; / Es ist daraus erwachsen ein federes Geschlecht, / Das steht und will sich fordern das unerkannte Recht.»[99] Gelesen wird das Stück eifrig, von einer Aufführung allerdings ist nichts bekannt. Bis zu seinem Tod bleibt Jung Professor an der medizinischen Fakultät.

Seit 1910 erinnert im St. Johannsquartier eine Strasse an den Grossvater des berühmten und gleichnamigen Psychoanalytikers. Jung hat zwar nicht selbst in diesem Quartier gelebt, ist jedoch der Stifter des Kinderheims ‹Zur Hoffnung› (heute in Riehen), das sich damals an der heutigen Jungstrasse befand.

Werke: Die Revolution. Originaldrama in drei Akten, von Demius, Basel 1831.

Literatur: Koelbing, Huldrych Martin: Wie Karl Gustav Jung Basler Professor wurde, in: Sonntagsblatt. Basler Nachrichten, Nr. 38, September 1954.

* Der spöttische Basler Versschmied Kölner ‹der Saure› dichtet aus aktuellem Anlass:«Die Hochschule war am Verscheiden, / Ich stand als Großfuchs dabei; / … / Herr Doktor, woher kam das Übel / Der Frau Universität? / Der Doktor sprach, wehmutsvoll lächelnd; / Von der allzu strengen Diät. Im Kopfe war griechisches Wasser, / Die Lunge rhetorisch schlecht, / Von mißlung'nen Experimenten / War physisch der Magen geschwächt. / Die Leber war römisch verhärtet, / Das Herz helvetisch so kalt, / … / Es hatte schon lange gekränkelt / Das schlotternde Mütterlein, / Und hinter den staubigen Büchern / Schrumpft es an der Auszehrung ein.» In: Kölner, Johann Rudolf: *Raurazische Lieder*, Stäfa 1833, S. 74 (s. dazu →**Kölner**).

BIRGIT KEMPKER 1956

Birgit Kempkers Texte klingen. Genau hingehorcht sind es Hörstücke. «Es geht mir um Ton, Rhythmus, Schwingung, auch um Denken, Gefühl, nicht um abgegrenzte, in den Leib und in die Biographie gepferchte Personen»,[100] sagt sie in einem Gespräch. Ihre Texte erzählen keine eigentlichen Geschichten. In der sprachlichen Annäherung an Dinge, Menschen und Ereignisse löst sich das lineare Erzählen auf: in einzelne Worte und Begriffe, die zu rhytmischen Klangmomenten werden.

1986 debütiert Kempker mit *Der Paralleltäter.* Bereits 1985 wird sie mit dem Ingeborg Bachmann-Preis geehrt. 1990 kommt die in Wuppertal geborene Autorin nach Basel. Neben ihrer schriftstellerischen Tätigkeit arbeitet sie als Dozentin für Wort und Bild an der Basler Fachhochschule für Gestaltung und betreut seit 1990 das Fach Sprache und Literatur an der Kunstschule Zürich. Im Radiostudio Basel lernt sie den Hörspielregisseur Claude Salmony kennen. Mit ihm zusammen erarbeitet sie die Stücke *Ich ist ein Zoo* und *Iwan steht auf.* Im Hörspiel findet Kempker denn auch das geeignete Medium für ihre Spracherkundungen, die immer auch medienübergreifende Grenzgänge sind. Im Museum für Gegenwartskunst etwa präsentiert die Sprachkünstlerin 1999 ihr *Hörstück live*: Ab Band werden Texte abgespielt, gleichzeitig trägt die Autorin ‹live› neue Texte vor. Das parallele Erzählen gestaltet sich mittels rhythmisierten Textfragmenten, Stimme und Musik zu einer Sprach-Klangperformance. Bei Kempker ist der Text denn auch immer eine Art Ereignis, hinter dem letztlich die Reflektion über das Schreiben steht. In ihrem Beitrag *E für N und N für E* vermerkt die Autorin unter dem Titel *Wie schreiben geht*: «Im Schreiben steckt Raum. Im Raum steckt Traum. Im Traum steckt Schreiben und Raum, wie im Raum das Schreiben steckt und der Traum. An Traum steckt Trauma hinten an. Dicht. Natürlich steckt in Traum auch Baum ... Ein Traum ist ein Vogel. Immer. Deshalb ist das Schreiben, wenn es etwas ist, dann ungefähr ein Vogel. Bestimmt. Und zwar fiktiv.»[101]

Werke: Der Paralleltäter, Zürich 1986; Ich ist ein Zoo, Compact Disc, in Zusammenarbeit mit Radio DRS 2, Basel/Wien 1997; Übung im Ertrinken/Iwan steht auf. Zwei Hörstücke, Basel/Wien 1999.

Literatur: Henke, Silvia: Birgit Kempker. Die Gestalt des Privaten, in: Groddeck, Wolfram/Allemann, Urs (Hg.): Schnittpunkte. Parallelen. Literatur und Literaturwissenschaft im ‹Schreibraum Basel›, Köln/Basel 1995; Dies.: Ich will ein Buch mit dir. Über die Autorin Birgit Kempker, in: drehpunkt, Heft 80, 1991: Zingg, Martin: Wer zu sich kommt, will weg. Über Birgit Kempker, in: Basler Stadtbuch 1993, Basel 1994.

HERMANN KESSER 1880–1952

Seinen siebzigsten Geburtstag verbringt Hermann Kesser in Basel. An einen Freund schreibt er: «Möge es halbwegs gut zu Ende gehen! Ich kann nicht behaupten, dass ich mich paradiesisch fühle, womit auch mein langes Schweigen zusammenhängt – weder als Autor noch als alter Herr.»[102]

1924 wird am Basler Stadttheater sein Stück *Die Reisenden* aufgeführt. Aber als er sich nach dem Zweiten Weltkrieg in Basel niederlässt, ist er bereits ein vergessener Dichter. Bis zu seinem Tod wird er hier bleiben, unbekannt, unerkannt.

Kesser wächst mit sieben Geschwistern in München auf, sein Vater ist Verleger und Kunsthändler. Nach dem Gymnasium verspürt er eine «Neigung zu Chemie und Elektrizität», sein Besuch am Münchner Polytechnikum währt aber nur kurz. Er beginnt in Zürich Kunstgeschichte und Psychologie zu studieren. Nach seiner Promotion wirkt er als Journalist, 1912 erscheint seine erste Novelle *Lukas Langkofler*. In jener Zeit schreibt er: «Mein Anfang als Dichter ist das soziale Herzklopfen gewesen. Ich wurde ein Parteimann. Ich ergriff die Partei der Menschheit – auch gegen mich selbst.»[103] Eine Synthese finden zwischen Politik und Literatur ist seine erklärte Absicht. 1913 beginnt er seinen ersten Roman zu schreiben – in jenem Jahr, als er die ersten kriegerischen Stimmen vernimmt, die ihm besagtes «Herzklopfen» bereiten. «Immer deutlicher hörte ich dunkle warnende Töne … Und ich beschloß, die Gestalt eines beunruhigenden und suchenden Zeitmenschen zu zeichnen, in welcher ich mich selbst pausenlos und unabweisbar erlebte.»[104] *Die Stunde des Martin Jochner* ist denn auch das Porträt eines Journalisten, der als wahrheitssuchender Berichterstatter hartnäckig gegen

Nationalismus und Militarismus anschreibt. Leicht erkennbar spiegelt sich darin Kessers eigenes Wollen: Mit Literatur Widerstand leisten gegen die unheilvolle Gegenwart.

In seinem «Entscheidungsjahr» 1913 zieht es ihn zurück nach Deutschland. Neben *Martin Jochner* entstehen hier weitere Novellen und Essays. Zu seinem schmalen Oeuvre gehören zudem einige Hörspiele und Dramen. 1933 emigriert er zunächst nach Zürich, reist dann als Delegierter des Schweizer PEN-Clubs in die USA. Nach Kriegsende lässt er sich in Basel nieder. Über seine Dichtung, die anfänglich vom Expressionismus, später von der Neuen Sachlichkeit beeinflusst ist, sagt er einmal: «Es gibt wohl statische, sitzende, gar liegende Dichter. Ich halte es mit der Dynamik ... Aus Veranlagung und Neigung suche ich ... aktive dramatische Epik zu formen, in der jedes Wort vorwärts geht.»[105]

Werke: Lukas Langkofler, Frankfurt 1912 (Neuausgabe, in: Erzählungen, Berlin 1975); Die Stunde des Martin Jochner, Berlin 1917 (Neuausgabe, in: Erzählungen. Berlin 1975); Das Verbrechen der Elise Geitler und andere Erzählungen, Neuausgabe, Olten 1981.

Literatur: Behrend, Walter: Ein Dichter der Zeit. Ein literarisch-kulturpolitischer Essay über Hermann Kesser, Heidelberg o.J.; Burri, Peter: Ein Schweizer, den keiner kennt: Hermann Kesser, in: Basler Zeitung, Nr. 178, 1. August 1977.

HERMANN KESTEN 1900–1996

«Mein Arbeitstag sieht so aus: Ich stehe auf, ziehe mich zum Ausgehen an, frühstücke, verabschiede mich von meiner Frau und gehe ins Kaffeehaus. Vorsorglich habe ich ein altes Schulheft mitgenommen, Bleistifte, Füllfedern, Radiergummi, einen Bleistiftspitzer ... das Manuskript, an dem ich gerade arbeite.»[106] Hermann Kestens bevorzugter Schreib- und Lebensort ist seit jeher das Café. Schon als Gymnasiast treibt er sich, verbotenerweise, in den Lokalen von Nürnberg herum, wo er 1914 ein ganzes Regiment in den Krieg reiten sieht. Kurz vor der Machtübernahme der Nazis beobachtet der Sohn jüdischer Einwanderer, inzwischen in Berlin lebend, wie «Hitlers braune Buben» (Kesten) über den Kurfürstendamm ziehen. 1933 verlässt er die Metropole und geht ins Exil: Paris, Nizza, London, Amsterdam. Das Kaffeehaus wird zum einzigen beständigen Ort: «Im Exil wird das Café zu Haus und Heimat, Kirche und Parlament, Wüste und Walstatt»,[107] vermerkt er in seinem Band *Dichter im Café*. Am kleinen Bistrotischchen sitzend notiert er: «Ich schrieb das Jahrhundert auf, ich schrieb es ab.»[108] Er wird buchstäblich zum Zeugen des ganzen Jahrhunderts, das er als Romancier und als Verleger der bedeutendsten Literaten durchwandert. Mit seinem Erstling *Josef sucht die Freiheit* und seinen satirischen Erzählungen wird er zum Vertreter der Neuen Sachlichkeit; als Verleger betreut er im Berliner Kiepenheuer Verlag bis 1933 das literarische Programm. Später verschafft er seinen Freunden als Lektor des Amsterdamer Exilverlags Allert de Lange Publikationsmöglichkeiten: Toller, Klaus Mann, Feuchtwanger, Döblin, Benjamin und Joseph Roth veröffentlichen dort. Mit Roth und Heinrich Mann wohnt er vorübergehend in Nizza. Fünfzig Jahre später erinnert er sich an die illustre Hausgemeinschaft: Um die Wette hätten sie damals geschrieben, angeschrieben gegen die grausige Zeit. 1940 muss er Frankreich verlassen, geht nach New York, wird 1949 amerikanischer Staatsbürger. Anfang der Fünfzigerjahre siedelt er nach Rom über. In seinem Nachkriegs-Oeuvre finden sich neben zeitkritischen Romanen und politischen Aufsätzen auch zahlreiche literaturgeschichtliche Essays. Sein Band *Dichter im Café* ist eine Sammlung mit äusserst lebendig gezeichneten Dichterporträts und (anekdotischen) Erinnerungen. Nach dem Tod seiner Frau zieht er 1977 nach Basel. Seine letzten Jahre verbringt er wie Gertrud **→Isolani** im Riehener Altersheim ‹La Charmille›, wo es still um ihn wird. Sein Jahrhundert neigt sich dem Ende zu, viele seiner Poetenfreunde leben nicht mehr. In der Essaysammlung *Filialen des Parnaß* zieht Kesten eine Art vorzeitiges Resümee über sein Verhältnis zum Leben, das für ihn immer Literatur bedeutet hat: «Es ist eine Lust zu Leben, eine mit Schmerzen verbrämte Lust, wie die Liebe, wie die Betrachtung der Welt und der Menschen, wie alles Dichten und Denken. Wenn ich mich nicht täusche, war ich immer froh, daß ich da war.»[109]

Werke: Josef sucht die Freiheit, Potsdam 1927; Dichter im Café, München 1959 (Neuausgabe, Frankfurt a. M. / Berlin 1983); Filialen des Parnass, München 1961 (Neuausgabe, Frankfurt a. M. / Berlin 1984).

Literatur: Schwarz, Wilhelm: Hermann Kesten, in: Ders.: Protokolle. Gespräche mit Schriftstellern, Frankfurt a. M. 1990; Fringeli, Dieter: Ein Mann des Lebens, in: Neue Zürcher Zeitung, Nr. 103, 4. Mai 1996.

JOHANN RUDOLF KÖLNER 1800–1877(?)

In seinen besseren Zeiten degustiert Johann Rudolf Kölner, wie alle namhaften Männer der Stadt, in Mählys Weinschänke italienische und spanische Tropfen. In diesem Lokal an der Aeschenvorstadt lernt er dessen Sohn Jacob Achilles →**Mähly** kennen, der später sein Schüler und zeitweiliger Freund wird. Einen weiten Bogen macht der Schriftsteller Kölner indes um das dichtende Akademikerkränzchen um Wilhelm →**Wackernagel**. Im biedermeierlichen Basel vertritt er zusammen mit Emanuel Scherb den radikalen Poetengeist. Seiner bitteren Redewendungen und satirischen Gedichten wegen wird er ‹der Saure› genannt. Nach einem abgebrochenen Studium der Jurisprudenz an der heruntergekommenen Universität, über deren Zustand er einen spöttisch-lyrischen Krankenbericht verfasst (→**Jung**), und nach Kriegsdiensten in Frankreich unterrichtet er an der Knabenschule zu Barfüssern. «Edel ist der Beruf eines Lehrers, aber ich bin nicht dazu geboren, mein rasches Temperament, mein ungestümer Charakter und meine angeborne Schwermut in der Hülle eines eisernen Körpers, all diese Extreme reißen mich zu vielen Torheiten hin.»[110] Wegen liederlicher Amtsführung wird er denn auch bald entlassen. Er siedelt über ins Baselbiet. Mit dem Beginn der kantonalen Trennungswirren beginnt seine politische und dichterische Laufbahn. 1833 erscheinen die *Raurazische[n] Lieder*, in denen neben den aufrührerischen Tönen auch barocke Melancholie zu hören ist: «Sind meines Herzens Ideal/Nur Schatten in dem Weltgewühl?/Trank aus der Urquells Nektarschale/Mein Geist nur marterndes Gefühl?»[111] Mit Begeisterung setzt sich Kölner als Volksredner für die Sache der Baselbieter ein; in der Stadt hingegen wird sein Name auf eine Liste gesetzt, die «anerkannt schlechte Menschen»[112] versammelt. Dessen ungeachtet schreibt er die *Marseilleise für das freie Volk von Basel-Landschaft* (sic!) und verfasst den *Aristokraten Todtentanz*, ein reigenartiges Hohn- und Spottlied auf die Vertreter der Basler Oligarchie. Stets in Geldnöten und von seinen Baselbieter Brüdern schliesslich vergessen, zieht er 1840 wieder in die Stadt und fristet ein kümmerliches Poetendasein. Sein Sterbejahr ist nicht belegt.

Werke: Der Aristokraten Todtentanz, Petersburg o.J; Raurazische Lieder, Stäfa 1833.

Literatur: Kölner, Paul Rudolf: Kölner, ‹der Saure›. Aus dem Leben eines baslerischen Freiheitskämpfers, Sonderdruck aus dem Basler Jahrbuch 1907, Basel 1908.

JOHANNES KOLLROS UM 1487–1558(?)

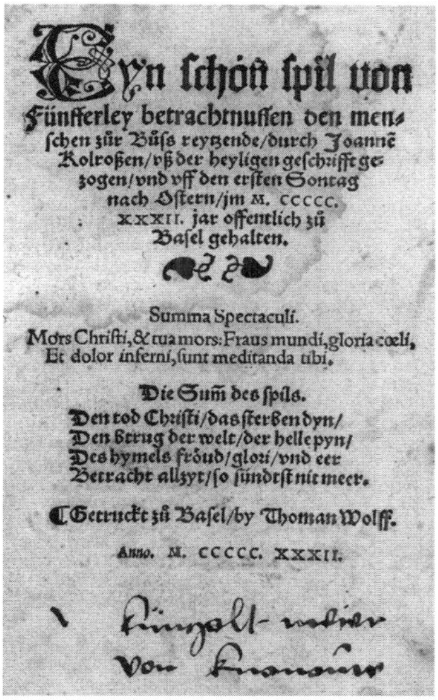

In der *Bibel* wird der Dichter fündig. Für die evangelischen Stückeschreiber des 16. Jahrhunderts ist die *Heilige Schrift* ein gängiger Stofflieferant. Luther selbst fordert zur Dramatisierung biblischer Historien auf: denn zahlreich sind dort die Biografien gescheiterter Existenzen, an denen sich beispielhaft zeigen lässt, wohin ein gottloses Leben führt. Von Ehebrecherinnen und Brudermördern ist die Rede, von meineidigen Verrätern und verlorenen Söhnen. Von einem solchen erzählt Johannes Kollros' *Fünferlei Betrachtnisse, die den Menschen zur Busse reizen.* Mit Motiven aus dem Totentanz angereichert, schildert er die Geschichte eines schönen Jünglings, der sich vornimmt, «nach der Sitte der damaligen frechen Jugend die heilige Osterzeit zu verprassen.»[113] Was er denn auch tut, bis ihm der Tod leibhaftig begegnet. Im Angesicht des Knochengerippes erkennt er sein sündiges Leben. Das Stück wird 1532 aufgeführt, drei Jahre nachdem Kollros als Anhänger der neuen Kirche nach Basel gekommen ist. Seine erste Publikation ist indes kein Theaterstück. Als Lehrer der neu eröffneten Knabenschule zu Barfüssern verfasst er zuerst ein Handbuch *tütscher Orthography*, das erste seiner Art. Mit diesem Enchiridon sollen lernwillige Handwerksgesellen und Jungfrauen «deutsch schreiben und lesen ... lernen, um ihre freie Zeit in Erlustigung heiliger Schrift nützlich verbringen zu können.»[114] Kollros gehört denn auch zu jenen Autoren, die den von Oekolampad angeregten deutschen Kirchengesang mit eigenen Liedern ‹fördern›. Wie seine Basler Dichterkollegen Sixt **→Birck**, Valentin **→Boltz** und Pamphilus **→Gengenbach** will Kollros mit seinen Lehrbüchern und Dramen erziehen, belehren und im besten Fall bekehren. Was im Falle der *Fünferlei Betrachtnisse* die Basler Bevölkerung jedenfalls nicht abschreckt: Noch im Aufführungsjahr geht das Stück in Druck. Fast vierhundert Jahre später erinnert sich der Schweizer Dramatiker Cäsar von Arx an Kollros' Stück. In einer überarbeiteten Fassung setzt er es 1919 am Basler Stadttheater als Totentanzspiel szenisch um.

Werke: Enchiridon. Handbüechlin tütscher Orthography, Basel 1530 (Neuausgabe, Gotha 1882, in: Müller, Johannes: Geschichte des deutschsprachlichen Unterrichts bis zur Mitte des 16. Jahrhunderts); Fünferlei Betrachtnisse, Basel 1532. – von Arx, Cäsar: Von fünferlei Betrachtnis: ein Totentanzspiel nach Johannes Kollros, Glarus 1934.

Literatur: Läuchli, Ernst: Fünferlei Betrachtnisse von Johannes Kollros, in: Basler Stadtbuch 1960, Basel 1961.

FRIEDERIKE KRETZEN 1956

«In den siebziger Jahren ging ich an die Universität, um Soziologie zu studieren und mußte feststellen, daß die Universität, zumindest bei den Soziologen, gerade nicht da war ... Außerdem fuhr ich damals mit einem schwarzen Mercedes über Land nach Indien, und danach war sowieso alles anders und ich wußte restlos nicht mehr, was wirklich war.»[115] Im Giessener Stadttheater findet Friederike Kretzen als Regieassistentin vorerst ihre Wirklichkeit. Später arbeitet sie als Dramaturgin am Residenztheater in München. 1983 kommt die Leverkusenerin nach Basel, wo sie seither als freie Schriftstellerin und Publizistin lebt. Einen Zweitwohnsitz hat sie sich in Venedig eingerichtet. Nicht, um einen Venedigroman zu schreiben, sondern weil sich die Menschen dort so bewegen wie auf den Renaissance-Gemälden.[116]

Das Theater wird zum ersten literarischen Schauplatz der Schriftstellerin Kretzen. Handlungsort ihres Erstlings *Die Souffleuse* ist ein Souffleusekasten. Dieser wird für die Protagonistin Klara zum Ort ihrer Fantasien, welche sie wegtragen in ein Leben, das noch nicht begonnen hat. Mit *Die Probe* und *Ihr blöden Weiber* bildet *Die Souffleuse* eine Trilogie, in welcher Kretzen drei Lebensalter an sehr unterschiedlichen Frauenfiguren festmacht. Das verbindende Gemeinsame gibt dem Romantryptichon schliesslich den Titel: *Frauen ohne Männer.*

In ihrem jüngsten Roman *Übungen zu einem Aufstand* wird das Theater nochmals zum (literarischen) Experimentierfeld, wo das Leben und, verbunden damit, der Widerstand erprobt werden. In diesem autobiografisch gefärbten Text treten fünf Frauen und vier Männer auf; zusammen und mit theatralen Mitteln versuchen sie, vor dem Hintergrund ihres gelebten Lebens sich spielerisch neu zu (er)finden. Den Aufstand proben gegen das Vergessen? «Ich denke, so etwas wie Vergangenheit gibt es eigentlich nicht. Die Vergangenheit ist ja die Gegenwart und auch die Zukunft»,[117] sagt Kretzen. Und: «Schreiben ist ein durch Wörter Zugänglichmachen von in Wörtern liegenden, ruhenden, schlafenden, träumenden und die Messer wetzenden Zuständen.»[118] Neben ihrer schriftstellerischen Arbeit leitet Kretzen die Schreibwerkstatt an der ETH Zürich.

Werke: Die Souffleuse, Zürich 1989; Die Probe, Zürich 1991; Ihr blöden Weiber, Zürich 1993; Ist ein Pferd ein Text?, in: Krupp, Ute-Christine/Janssen, Ulrike (Hg.): Zuerst bin ich immer Leser. Prosa schreiben heute, Frankfurt a. M. 2000; Übungen zu einem Aufstand, Basel/Frankfurt a. M. 2002.

Literatur: Dangel, Elsbeth: Von der Szene zum Obszönen. Die Verflüchtigung der Bühne in Friederike Kretzens Romantrilogie, in: Groddeck, Wolfram/Allemann, Urs (Hg.): Schnittpunke. Parallelen. Literatur und Literaturwissenschaft im ‹Schreibraum Basel›, Köln/Basel 1995.

EMMA KRON 1823–1875

«Geehrter Herr, Zuerst und vor Allem bitte ich Sie mir zu verzeihen, daß ich mich, unbekannt und ungenannt mit einer so kühnen Zumutung an Sie wende.»[119] Bis zum darauf folgenden Samstag gibt die namenlose Schreiberin Jacob **→Burckhardt** Zeit, die beigelegten Gedichte auf ihren poetischen Wert hin zu prüfen. Was der angesehene Professor denn auch tut. Er attestiert der Verfasserin postlagernd bedeutendes Talent, warnt jedoch vor mangelnder Distanz: «Die Poesie darf nicht der Ausdruck des inneren Jammers sein; ein Goldglanz der Versöhnung muß schon über den Dingen liegen, ehe sie behandelt werden dürfen.»[120] Er rät ihr, den unsentimentalen Homer zu lesen, sich aber vor Heine zu hüten. Zwei Jahre dauert der Briefwechsel mit der Unbekannten, erst dann stellt sie sich vor: Emma Kron, Ehefrau von Advokat Carl Brenner und schon als junges Mädchen aus gutem Basler Haus der Dichtkunst zugetan.

Mit vierundzwanzig Jahren, bereits verheiratet und Mutter einer Tochter, lernt sie den Zürcher Heinrich Leuthold kennen. Dieser studiert in Basel lustlos Jurisprudenz, nimmt hingegen begeistert am Wackernagelschen Dichterkränzchen teil (Wilhelm **→Wackernagel**) und erfreut Emmas Gatten, den liberalen Politiker und Mitbegründer der *National-Zeitung*, mit patriotischen Gedichten, die er auf dem Tisch stehend vorträgt. Mit Leuthold erörtert Emma Poetologisches; sie treffen sich bei der Pfalz in den lauschigen Gärten des Bischofshofs, die man in jener Zeit mit Babylons ‹Hängenden Gärten› vergleicht. Leuthold nennt sie (s)ein geistreiches, leidenschaftliches Weib. Leidenschaftlich sind denn auch seine Gedichte, die er ihr widmet: «Und weißt Du, wo am blauen Rhein/Die schattig duft'gen Gärten liegen,/Dort nanntest Du mich: ewig Dein.–/Dein Rosenmund, er wird nicht lügen!»[121] Eher praktischer Art hingegen ist ihr Liebesdienst: Sie richtet dem mittellosen Studenten am Nadelberg 32 ein Mansardenzimmer ein, spendiert Kerzen und Zigarren. Nach zwei Jahren sieht die Advokatengattin schliesslich ein, «daß es nicht rathsam sei, die Poesie ständig mit der Prosa des Lebens zu verschmelzen.»[122] 1848 verlässt Leuthold Basel. Er hat sich nicht nur mit der Familie Brenner zerstritten, sondern auch seine Professoren verärgert, indem er sich weigert, das Römische Recht zu lesen. In Zürich, wohin es den ‹poète maudit› verschlägt, wird ihn Emma noch einige Male besuchen. 1864 veröffentlicht sie ihren ersten, wenig beachteten

Roman *Lorbeer und Cypresse* – romantisch-historische Bilder aus den polnischen Freiheitskämpfen. Mehr Erfolg hat sie mit dem Mundartepos *Bilder aus dem Basler Familienleben*, das drei Jahre später erscheint. Im *Lichtli*-Kapitel, bei einem Streifzug durch die nächtliche Stadt, erinnert sich die Mundartdichterin an ihren Poetenfreund aus alten Tagen. «In-e-re Mansarde brennt's. Und könntsch de dri-ine luege, / ... Dä sächsch e Tisch, aber dä volle Büecher. / ... Das Stübli – hesch es errothe? – Sisch im e Dichter sis. – Und do sitzt er denn bi sim Lämpli / Oft über Mitternacht us; er sitzt und schribt.»[123] Die von Burckhardt redigierten Gedichte hat Emma Kron nie veröffentlicht.

Werke: Lorbeer und Cypresse. Romantisch-historische Bilder aus Polens Freiheitskämpfen, Frankfurt 1864; Bilder aus dem Basler Familienleben, in baseldeutschen Versen, Basel 1867.

Literatur: Socin, Adolf: Basler Mundart und Basler Dichter, 74. Neujahrsblatt der GGG, Basel 1895; Jenny, Ernst: Basler Dichtung und Basler Art im 19. Jahrhundert, 105. Neujahrsblatt der GGG, Basel 1927.

JÜRG LAEDERACH 1945

«Die Eulerstraße war, für Basler Verhältnisse, eine eher unnütze Straße. Das östliche und das westliche Viertel verband sie zwar, doch keineswegs als einzige. Es konnten immer wieder andere Straßen zur Verknüpfung Basels herbeigezogen werden ... Im übrigen bewegen sie sich [die Basler] nicht sehr, sie halten sich ziemlich still, essen einige Früchte aus der Fruchtschale, zwei, drei Wiener Würste und ein Glas Leitungswasser.»[124] Nützlich ist die Strasse jedoch dem Erzähler – wegen seines Nachbarn, eines Herrn in weissem Hemd mit einem Doppelstoffstreifen am Oberarm. Hemd wie Herr werden zum Gegenstand ausschweifender Reflexionen, die über die Strasse hinausführen. Das wundersam ereignislose Leben verleitet den Beobachter zu allerhand Fantasien, die zu überraschenden Assoziationen und letztlich in ein surreales Abbild eines ganz gewöhnlich-unsinnigen Daseins führen, an dessen Ende die Auftrennung des Doppelstoffstreifens steht. Ein schräges Stück Stadt- und Lebensgeschichte, die Laederach, der Altsaxofonist, in seinem Prosaalbum *69 Arten den Blues zu spielen* hier rhythmisiert. Er selbst hat fast immer in dieser Stadt, in der (wie es in *Euler und Eins* heisst) «seit dem neunzehnten Jahrhundert nicht mehr, oder seit dem siebzehnten Jahrhundert nicht mehr» geschrieben wird, gewohnt und gewirkt: als freier Autor zahlreicher Werke und Übersetzer von Raymond Roussel, Thomas Pynchon und Walter Abish. Paradoxe müssen sein.

In Zürich studiert Laederach Mathematik und Physik, in Basel dann Romanistik, Anglistik und Musikwissenschaft. Sein erstes Manuskript schickt er an Adolf Muschg, 1974 erscheint *Einfall der Dämmerung* im renommierten Hause Suhrkamp. Sein Debüt versammelt eine Reihe kurzer Prosa-Denkstücke, zentrale Leitfigur ist der Protagonist Hirse. Dieser durchwandert munter die Bezirke unterschiedlicher Schreibformen, zuweilen lässt er sich vom Duft eines Fliederstrauches verführen, dann wieder verschwindet er als ordentliche Erzählinstanz und löst sich im eigenen Erzählen auf. Laederachs Textwelten sind denn immer auch «imaginäre Bühnen, auf denen sich der Widerstreit zwischen Schreibakt und Tilgungsprozess abspielt.»[125] 1988 veröffentlicht Laederach seine Poetikvorlesungen *Der zweite Sinn oder Unsentimentale Reise durch ein Feld Literatur*, die er im Winter 1986/87 in Graz gehalten hat. Darin gesteht der Dozent seine Vorliebe für das Chaos, «die so ungeordnet ist, daß sie ihr Ziel, das Chaos, mitunter vergißt und der Ordnung dient.»[126] Assoziationen, aufgesplittete Sätze, kaleidoskopartig zu immer neuen Erzählbildern arrangiert – Laederachs Welt ist so skurril wie verkehrt. Wen wundert's, wenn sich der Erzähler Hirse in der Geschichte *Duft* unerwartet in einen Strauch verwandelt?

«‹Guten Morgen Flieder, gut geblüht?› ‹Ausgezeichnet, und Sie?› ‹Ich blühe nie, ich bin ein Mensch, kein Flieder.› ‹Ach›, der Flieder war enttäuscht, ‹ich habe gedacht Sie seien ein Verwandter, ein Rittersporn oder so. Sogar eine Nieswurz hätte ich durchgehen lassen.› Er war ein schlechter Botaniker. Wenn er mich noch für eine Säge gehalten hätte. Aber er duftete so schmeichlerisch und träge; ich sah, der war viel zu faul und zu schön, um zu lernen. Trotz meinen Faustschlägen grub er mich aus und setzte mich in seinen Garten.»[127]

Werke: Einfall der Dämmerung, Frankfurt a. M. 1974; 69 Arten den Blues zu spielen, Frankfurt a. M. 1984; Der zweite Sinn oder Unsentimentale Reise durch ein Feld Literatur, Frankfurt a. M. 1988.

Literatur: Stingelin, Martin: Wahnsinn und Literatur im Schreibraum Laederach, in: Groddeck, Wolfram / Allemann, Urs (Hg.): Schnittpunke. Parallelen. Literatur und Literaturwissenschaft im ‹Schreibraum Basel›, Köln / Basel 1995.

SIEGFRIED LANG 1887–1970

Zeitlebens hält er sich abseits. Auch in den Jahren, als führende Kritikergrössen wie Walter Muschg oder Josef Viktor Widmann seine schmalen Gedichtbände mit viel Lob rezensieren, lebt Siegfried Lang zurückgezogen in seiner Wohnung in der St. Alban-Vorstadt. Sein Leben gehört der Poesie. Bedingungslos. Rund vierzehnhundert Gedichte hat er geschrieben. Den ersten Lyrikband veröffentlicht er mit neunzehn Jahren. Ein Exemplar dieser *Erste[n] Lese* schickt er an sein Vorbild Stefan George, der ihm mit einem zweiseitigen Brief antwortet: «Ihre gedichte berühren mich angenehm und ich fordere Sie auf mir neue zu senden.»[128] George ist für ihn der grosse Meister, seinem Jüngerkreis bleibt er jedoch fern. Nach dem Abschluss seines Kunst- und Germanistikstudiums übernimmt Lang für drei Jahre eine Assistenz an der Pariser Sorbonne. 1914 kehrt er nach Basel zurück. Seinen bescheidenen Lebensunterhalt verdient er sich mit Rezensionen und als Privatlehrer. Das gesellschaftliche Leben kümmert ihn wenig, auch seine Gedichte verraten kaum Anteilnahme am Weltgeschehen. Sie erzählen vielmehr von der Suche nach einer ‹reinen Poesie›, die über die traditionelle Schweizer Lyrik hinausweist. Dieter →**Fringeli**, der Basler Germanist, nennt ihn einen formbewussten Naturdichter, der indes nicht vom intakten Rosenhain sondern von einer ins «Leben hinein verdichtete[n] Landschaft» erzählt. «Natur nicht als Kulisse, sondern gefährdetes, Mit-Leid heischendes und durch das Ich belebtes Umfeld. Natur, die es in dieser Form heute kaum mehr gibt.»[129] In seinem Gedicht *Ankunft* heisst es: «So fand ich mich zur Stelle:/Auf üppigstem Gewühl/Von fettem Blatt und Welle/Glasflüglige Libelle,/Lichtmücken-Rauch und helle/Ranunkel, gelbe Grelle/Im Morgen, mittagsschwül ... Mich leitet, wie von Anbeginn,/Durch Sträucher wirr und grad/Ein heitres Ziel, des Ziel ich bin.»[130] 1944 erscheint sein letzter Gedichtband *Vom andern Ufer.* 1951 ehrt die Stadt den stillen Dichter, der in den Zwanzigerjahren zu den bedeutendsten deutschsprachigen Poeten zählte, mit dem Basler Kunstpreis. Danach gerät Lang endgültig in Vergessenheit.

Werke: Neue Gedichte, Basel 1912; Vom andern Ufer, Zürich 1944; Blätterstatt, Neuausgabe, mit einem Nachwort v. Dieter Fringeli, Basel 1989.

Literatur: Fringeli, Dieter: Dichtung als schönes Dasein. Zur Lyrik von Siegfried Lang, in: Ders.: Dichter im Abseits, Zürich 1974.

JAKOB MICHAEL REINHOLD LENZ 1751–1792

«Sollen wir aber nichts zur Verbesserung unseres Zustandes tun, höre ich Sie fragen?»[131] – Der Dichter Lenz ist zwanzig, als er in seiner moralisch-theologischen Schrift *Versuch über das erste Principium der Moral* die Frage nach dem Glück und dem damit verbundenen besten Zustand überhaupt stellt. Zu dieser Zeit glaubt der überzeugte Stürmer und Dränger noch daran, mittels Literatur die Welt verändern zu können. Nach abgebrochenem Theologiestudium zieht es ihn nach Strassburg, wo er auf gleich gesinnte Dichterkollegen stösst. Einer Einladung Goethes folgend, reist er 1776 nach Weimar. Dort wird er zunächst herzlich aufgenommen, seine Hoffnung auf gesellschaftliche Anerkennung als Dichter und Denker erfüllt sich schliesslich aber nicht. Nach einem geheimnisvollen Vorfall kommt es zum Zerwürfnis mit Goethe und zur Ausweisung aus Weimar. Nach seiner fluchtartigen Abreise beginnt sein rastloses Leben als freier Autor. Er kommt nach Basel, ist Gast des Seidenfabrikanten Jacob Sarasin. Der Literaturmäzen empfängt in seinem **→Weissen Haus** schillernde Persönlichkeiten des damaligen Kulturbetriebs: Wilhelm Heinse, Sophie von La Roche, Johann Caspar Lavater, Johann Georg Jacobi, Johann Heinrich Merck, Johann Heinrich Jung-Stilling, Maximilian Klinger und sogar Prinz Heinrich von Preussen. Fünf glückliche Tage weilt Lenz am Rhein, wo er mit der Gastgebergattin schäkert und mit dem Gastgeber den Plan entwickelt, eine ‹Frauenzimmerschule› zu gründen. Dann reist er ab, schreibt Briefe, in denen er einen erneuten Besuch ankündigt. Seine Unruhe treibt ihn weiter: nach Zürich, Emmendigen, an den Bodensee. Über Deutschland gelangt er nach St. Petersburg, strandet schliesslich in Moskau. Während Lenz dort, verzweifelt und geistig verwirrt, ein kümmerliches Dasein fristet, verfasst Sarasin zusammen mit Klinger und Lavater in seiner Pratteler Sommerresidenz ein Prosawerk. *Plimplamplasko, der hohe Geist* erscheint 1780 anonym. Es ist eine wenig geistreiche Satire auf den Geniekult der Stürmer und Dränger. Plimplamplaskos groteske Abenteuer gipfeln in der Machtergreifung durch eine Dichtergrösse aus dem Sturm und Drang – die lenzsche Utopie schlechthin – und enden schliesslich in einem revolutionären Chaos. Es ist kaum anzunehmen, dass Lenz von diesem gescheiterten Dichteraufstand etwas vernommen hat. 1792 wird er auf einer Moskauer Strasse tot aufgefunden.

Werke: Lenz, Jakob Michael Reinhold: Werke und Briefe in drei Bänden, hg. v. Sigrid Damm, Leipzig 1987 – Sarasin, Jakob: Plimplamplasko, der hohe Geist, in: Langmesser, August: Jakob Sarasin der Freund Lavaters, Lenzens, Klingers u.a. Ein Beitrag zur Geschichte der Genieperiode. Im Anhang: Ungedruckte Briefe und Plimplamplasko, Zürich 1899.

Literatur: Jösel, Martin: Ich bin ein Fremder, unstet und flüchtig. Jakob Michael Reinhold Lenzens Beziehungen zu Basel, in: Das Markgräflerland, Heft 1, 1997.

CÉCILE INES LOOS 1883–1959

Ohne Geld in der Tasche, dafür mit einem kleinen Sohn an der Hand, kommt Cécile Ines Loos 1921 nach Basel. Hinter ihr liegt ihr halbes Leben – was kann sie noch erwarten? Als Kellnerin, Hausangestellte und Sekretärin verdient sie hier das Nötigste. Als allein stehende Frau muss sie ihren zehnjährigen Sohn ins Waisenhaus geben – eine schmerzhafte Wiederholung ihres eigenen Schicksals.

In Basel geboren verliert sie mit zwei Jahren ihre Eltern, kommt zu einer wohlhabenden Pflegefamilie nach Burgdorf. Als ihre ‹Ersatzmutter› stirbt, wird sie ins Heim gesteckt. In ihrem 1939 erschienenen Roman *Der Tod und das Püppchen* schildert sie später ihre unbehauste Kindheit, die ihr ganzes Leben prägt. 1902 erwirbt sie das Kindergärtnerinnendiplom, wirkt bis 1911 als Privatlehrerin in der Schweiz und in England. Über ihr Leben nach der Rückkehr in die Schweiz und bis zu ihrer Ankunft in Basel ist wenig bekannt. Von ihren seelischen Nöten erzählen allein ihre literarischen Texte. Aus einer unbedingten Notwendigkeit heraus beginnt sie in Basel zu schreiben: «Und schrieb und schrieb wie ein Tiger aus dem Busch, um mich herauszuarbeiten aus meinen Erlebnissen ... Als ich mich endlich aus dem Dschungel herauswagte, erhielt ich beim Wettbewerb in der Schweiz den ersten Preis. Dies gab mir Mut, und plötzlich hatte ich auch *Matka Boska* geschrieben.»[132] Mit ihrem ersten Roman wird die sechsundvierzigjährige Autorin über Nacht berühmt. Loos erzählt die Lebens- und Leidensgeschichte der polnischen Magd Meilika. Verwoben in dieses Schicksal sind Loos' eigene Erfahrungen, die sie in ihrem dunklen Jahrzehnt durchlitt. Auch für ihre weiteren Romane muss sie den Stoff nicht suchen. Ihre existenziellen Lebenserfahrungen – Kindheit, verlorene Liebe, Muttersein, Religion und übersinnliche Welten – sind ihre Wirklichkeit, von der sie aus- und weitergeht. Ihr bildkräftiges und vielschichtiges Erzählen führt in eine sprachliche Gegenwelt, in der sich Traum und Realität bedingen. Nach ihrem zweiten, wiederum viel beachteten Roman *Die Rätsel der Turandot* wird es still um die Autorin. In den Dreissigerjahren beginnt ihre Beschäftigung mit östlichen Religionen, Astrologie und Anthroposophie. Um finanziell zu überleben, tippt sie Lisa →**Wengers** Manuskripte, ist als Hilfskraft am Basler Staatsarchiv und in der Universitätsbibliothek tätig. Mit einundsiebzig Jahren bricht sie – körperlich erschöpft und lebensmüde – zusammen, die letzten drei Jahre verbringt sie in einem Altersheim. 1983 schreibt der Literaturkritiker und ‹Wiederentdecker› der vergessenen Autorin Charles Linsmayer: «Sie war zweifellos eine der ganz großen, mit dem Fluidum des Dichterischen ausgestatteten Schriftstellerinnen unseres Landes. Eine Schriftstellerin, die in der Schweiz nicht groß werden konnte, weil sie für die Schweiz zu groß war.»[133] 1990 erinnern sich selbst die Basler Stadtplaner an die Autorin und geben dem neuen Park in der Breite ihren Namen. Bis heute ist Cécile Ines Loos die einzige Basler Literatin, nach der eine Grünanlage – die Cécile Ines Loos-Anlage – benannt wurde.

Werke: Matka Boska, Stuttgart/Berlin/Leipzig 1929; Die Rätsel der Turandot, Stuttgart/Berlin 1931; Der Tod und das Püppchen, Zürich 1939; Verzauberte Welt. Ein Lesebuch, hg. v. Charles Linsmayer, Küsnacht/Zürich 1985.

Literatur: Linsmayer, Charles: Ich fand nirgends eine Heimat ausser bei mir selbst. Leben und Werk der Schriftstellerin Cécile Ines Loos, in: Loos, Cécile Ines: Hinter dem Mond, Zürich 1983.

RUDOLF LÖW 1878–1948

Er malt Landschaften und grossflächige Bilder, wie die *Schusterinsel*, die noch heute im Bahnhofsbuffet zu bewundern ist. Er porträtiert aber auch Basels Prominenz, den Festspieldichter Rudolf →**Wackernagel** etwa oder den Komponisten Hans Huber. Rudolf Löw sammelt zudem Geschichten: wahre Skandale, die sich in seiner Stadt ereignen. In einem Brief an Felix →**Moeschlin** gesteht er die damit verbundene Absicht ein: Irgendwann will er einen Stadtroman schreiben.[134] Gegen Ende seines Lebens veröffentlicht er dann tatsächlich seine Basler ‹chronique scandaleuse› – mit mässigem Erfolg. Im Nachruf zu seinem Tode würdigen die *Basler Nachrichten* diesem Werk einen einzigen Satz: «Wenig glücklich waren seine Versuche als Schriftsteller, doch fanden seine drei Romane, besonders in Deutschland, zahlreiche Leser.»[135]

Aufgewachsen ist Löw am Untern Heuberg. Nach dem Gymnasium besucht er die Gewerbeschule, in München und Paris bildet er sich zum Kunstmaler aus. Den Rest seines Lebens verbringt er als regional anerkannter Künstler in Basel. Daneben betreibt er physikalische und philosophische Studien. Seine Farben stellt er selber her, über seine Kunst sinniert er: «Wer schon mit einer fertigen Anschauung, mit einem Stil, mit festem Wissen, mit einer bestimmten Formsprache, mit einem ‹...ismus› schlechthin beginnt, fängt sein Lebenswerk von hinten an.»[136] Er veröffentlicht zunächst die zwei Schriften *Künstlerisches Schauen und Gestalten* und *Mein Weg zur Kunst*, 1938 erscheint dann *Dieter Basilius Deifel*, der erste Band seiner Trilogie *Häuser über dem Rhein*. Im Zentrum steht der Titelheld mit seinem romanhaften Leben, die Kulisse im Hintergrund bildet die Stadt Basel um die Jahrhundertwende. Als unehelicher Sohn des Bandfabrikanten Duchastel wird der musikalische Knabe von seinem Mentor Hans Huber gefördert, alsbald feiert der junge Deifel erste Erfolge. Eine heimliche Liebesaffäre bringt ihn ins Schleudern, dann ins Gefängnis und zuletzt ins Ausland. In Paris trifft er einen Mäzen, gerät später in französische Kriegsgefangenschaft. 1919 kehrt er nach Basel zurück, verkehrt dann bald in den Salons, wo ihn Löw sinnieren lässt: «In der Tiefe der Rhein. Ein Wasser, an dem wir unsere Kindheit verbracht haben, bleibt das einzig unveränderte Lebewesen bis zu unserem Tod. Menschen, die am Rhein grossgeworden, kommen, selbst wenn sie sich der Vaterstadt entfernt haben, nicht mehr von ihr los.»[137] Der Protagonist lernt die Pianistin Suzanne Vischer kennen, was die «keifernde und geifernde Verwandtschaft ... im verhockten Basel» beunruhigt, die Tochter indes nicht davon abhält, ihn zu heiraten. Zum fulminanten Liebes-, Lebens- und Romanende wird Dieter schliesslich von seiner «deiflischen» Vergangenheit eingeholt.

Das Material für seine breit angelegte, zuweilen überbordende und für heutige Lesende streckenweise äusserst erheiternde Künstlerbiografie, findet Löw in der aktuellen Stadtgeschichte. Biografisches vermischt sich mit Fiktionalem, der Entwicklungsroman wird zur bissigen Zeitsatire. Mit einigem Geschick bewahrt sich Löws Gesellschaft ihr brüchiges Bild, doch «unterhalb der Häusermacht-Fassaden fliesst der Rhein, letzte Zuflucht für diejenigen, welche die Melancholie nicht mehr ertragen.»[138]

Werke: Häuser über dem Rhein. Trilogie, Zürich / Leipzig / Wien 1938 – 1943 (Bd. 1: Dieter Basilius Deifel, Zürich / Leipzig / Wien 1938 [Neuausgabe, Basel 1988]; Bd. 2: Marie Louise Burckhardt, Zürich / Leipzig / Wien 1938; Bd. 3: Achilles Kern, Zürich / Leipzig / Wien 1943)

JACOB ACHILLES MÄHLY 1828–1902

Mit wehender Künstlermähne, einem Pack Bücher unter dem Arm und stolzen Schrittes eilt er über den Münsterplatz zur Vorlesung. Jacob Achilles Mähly, Extraordinarius für alte Sprache, ist eine eindrückliche Erscheinung. Verständlich, «daß Basels Frauenwelt für diesen Mann schwärmte.»[139] Er ist aber nicht nur gebildet, geistreich und charmant, er kann auch dichten. Zwar geht Mähly bei Wilhelm →**Wackernagel** in die Schule, als Poet meidet er jedoch das biedere Dichterkränzchen, welches der Germanist um sich schart. Spott und Satire liegen dem Küferssohn aus der Aeschenvorstadt näher. Seine Freunde sind Jacob →**Burckhardt**, Arnold Böcklin – dem Mählys anmutige Gattin Modell sitzt – und der aufmüpfige Gelegenheitsdichter Johann Rudolf →**Kölner**. Nach dem Tod seiner Frau ehelicht Mähly die Tochter des Radikalenführers Carl Brenner, dessen Gemahlin sich ebenfalls als Stadtdichterin versucht (→**Kron**). 1864 wird Mähly Privatdozent und elf Jahre später Friedrich →**Nietzsches** Stellvertreter. Als anerkannter Wissenschaftler, der zeitlebens in Basel wohnen bleibt, publiziert er eine *Geschichte der antiken Literatur* und übersetzt Sophokles, Euripides, Aristophanes und Aischylos, schreibt eine Arbeit über Richard Bentley und erinnert sich als einer der ersten an den als Ketzer verfolgten Sebastian →**Castellio**, über den er eine wohlwollende Biografie verfasst. Als wenig anerkannter Literat versucht sich Mähly in allen Sparten. *Aus der Gegenwart* versammelt politische Spottgedichte, in *Leid und Lied* finden sich schwermütige Trauergedichte, die er seiner früh verstorbenen Frau widmet; *Mathilde* ist ein Revolutionsepos in Versen, *Zwischen Thal und Gletscher* eine dramatische Ferien-Humoreske in Streckversen. *Rhigmurmel* schliesslich enthält baseldeutsche Gedichte, die der Stadtpoet Karl Rudolf Hagenbach als ‹gelehrt-baslerisch› belächelt. Ein späterer Kritiker verteidigt Mählys Mundart-Versuch mit den Worten: «Als das Bändchen zum erstenmal erschien, gab es noch nicht viel Mundartliches. Dies mag das Misslingen der meisten dieser Gedichte entschuldigen.»[140]

Werke: Mathilde. Ein Gedicht, Basel 1854; Rhigmurmel. Gedichte in Basler Mundart, Basel 1856; Sebastian Castellio. Ein biographischer Versuch nach den Quellen, Basel 1862; Leid und Lied. Gedichte, Bern 1865; Zwischen Thal und Gletscher, Basel 1868; Aus der Gegenwart, Basel 1874.

Literatur: Socin, Adolf: Basler Mundart und Basler Dichter, 74. Neujahrsblatt der GGG, Basel 1895; Hoffmann, Karl Emil: Jacob Achilles Mähly, in: Ders. (Hg.): Basler Dichterstätten, Basel 1934.

MATTHAEUS MERIAN D.Ä. 1593–1650

Prominent positioniert sich das behauste Weichtier im Vordergrund des Bildes. Hinter ihm erstreckt sich eine arkadisch anmutende Gegend: *Landschaft mit Schnecke* nennt der Künstler Matthaeus Merian sein Werk. Die Radierung entsteht 1624, in jener Zeit, als der Kupferstecher wieder einmal in Basel weilt.

1593 am Rheinknie geboren, kommt der junge Künstler im Jahr 1615 nach langem Auslandsaufenthalt in seine Heimatstadt zurück, um im Auftrag der Regierung den ‹Grossen Stadtplan› anzufertigen. Mit ihm schafft er nicht nur Basels ältestes Stadtbild, sondern entwickelt auch den Prototyp seiner künftigen Stadtplan-Produktion. Kaum hat er die fünfzig Gulden kassiert, reist er Richtung Norden weiter. In Oppenheim wirkt er in Theodor de Brys Verlag als Illustrator. Wenig später ehelicht er dessen Tochter. 1620 macht er sich selbstständig und zieht mit Frau und Kind nach Basel. Während den folgenden vier Jahren widmet er sich hauptsächlich seinem künstlerischen Schaffen. Rund 250 Kupferzeichnungen, meist idyllische Landschaften mit topografischen Reminiszenzen an das Elsass, den Basler Jura und das Badische, entstehen. 1621 erscheint sein *Basler Totentanz* – die erste getreue Wiedergabe des *Grossbasler Totentanzes*, den ein unbekannter Meister um 1440 an die Friedhofsmauer des Predigerklosters gemalt hat.* 1624 stirbt sein Schwiegervater. Merian reist nach Frankfurt a.M., um dessen angesehene Druckerei zu übernehmen. Die Schneckenstudien weichen jetzt einer betriebsamen Verlegertätigkeit. In Frankfurt floriert die Buchbranche – und verbunden damit das Geschäft mit der Bildproduktion. Durch die Technik des Kupferstichs können nun auch ‹Bilder› vervielfältigt werden und illustrierte Bücher sind gefragt. Das kommt dem Stecher, unterdessen Bürger von Frankfurt, gelegen. Viele Werke aus seinem Verlag sind denn auch bebildert, häufig von ihm selbst. Schwerpunkte seines Programms sind medizinische, alchemistische, naturwissenschaftliche und religiöse Schriften, sein Opus magnum allerdings ist die *Topographia Germaniae.* Vorbild ist ihm Sebastian Münsters 1544 bei Heinrich Petri erschienene *Cosmographia* – ein Pionierwerk auf dem Gebiet der Länder- und Völkerkunde.**

Die geografischen und geschichtlichen Fakten sind nebensächlich, wichtiger sind dem Kartografen Stadt- und Landschaftsbilder. Vor dem Hintergrund des Dreissigjährigen Krieges wird sein Projekt zu einem illustrierten Plädoyer für den Frieden: Die Radierungen, grösstenteils von ihm selbst angefertigt, zeigen eine idyllische Welt, menschenleer, unversehrt und friedlich – erträumte Bilder fern von kriegerischer Alltagswirklichkeit. Als Merian stirbt, ist Sibylla, seine Tochter aus zweiter Ehe, gerade drei Jahre alt. Sie wird Europa später verlassen, um im fernen Surinam nach Raupen, Insekten und seltsamen Kriechtieren zu forschen.

Werke: Topographia Germaniae, Faksimile der Ausgabe von 1643–1675, hg. v. Martin Zeiller. Basel/Kassel 1961.

Literatur: Bingsohn, Wilhelm u.a. (Hg.): Catalog zu Ausstellungen im Museum für Kunsthandwerk Frankfurt a. M. (15.9.–7.11.1993) und im Kunstmuseum Basel (28.11.1993–13.2.1994) als Unsterblich Ehren-Gedächtnis zum 400. Geburtstag des berühmten Zeichners, Stechers und Verlegers Matthaeus Merian d. Ä., Frankfurt a. M. 1993 (mit verschiedenen Beiträgen über Leben und Werk).

* Bis heute wird vermutet, der unbekannte Maler sei Konrad Witz gewesen, der sich zur Zeit des Konzils in Basel aufgehalten hat. 1805 wurde die Mauer im Auftrag des städtischen Bauamtes abgerissen.

** Merians *Topographia* soll sechzehn Bände umfassen. Den Auftakt bildet die Ortsbeschreibung der Schweiz. Der letzte von Merian besorgte Band enthält das Gebiet Obersachsen. Nach seinem Tod führen seine Erben das äusserst lukrative und erfolgreiche Projekt zu Ende.

FELIX MOESCHLIN 1882–1969

«Ach wenn man nur keinen Beruf ergreifen müsste, man sollte das ganze Leben nur flanieren können. Ich fühle einfach keine Berufung für einen Beruf, ausgenommen vielleicht Schriftsteller.»[141] Schriftsteller wird Felix Moeschlin dann auch, allerdings nicht ausschliesslich. Noch vor dem Abschluss seines Geologiestudiums reist er nach Genua – auf der Flucht vor einer bürgerlichen Existenz. Dort lässt er sich als Schiffsjunge anheuern. Bevor der Dampfer in See sticht, werden ihm Geld und Pass gestohlen. Er kehrt zurück nach Basel, studiert halbherzig weiter, schreibt sein erstes, nie veröffentlichtes Drama und wird ‹Administrator› bei der 1904 gegründeten Basler Wochenschrift *Samstag*. Dominik Müller ist Herausgeber dieser satirisch-literarischen Zeitschrift, zu den Mitarbeitern zählen Carl Albrecht Bernoulli, Rudolf Gelpke, Hermann **→Hesse**, Carl **→Spitteler**, Rudolf **→Wackernagel**, Robert Walser und Jakob **→Schaffner**.* 1906 reist Moeschlin nach Berlin, von dort weiter nach Schweden. In einer abgelegenen Waldhütte lässt er sich nieder, verdient seinen Lebensunterhalt als Journalist und Sprachlehrer. 1908 kehrt er für einige Zeit nach Basel zurück und schreibt innerhalb von drei Monaten sein Debüt *Die Königschmieds* – ein historischer Familienroman aus dem hinteren Leimental. Darin schildert er den Aufstieg und Niedergang einer Bauernfamilie zur Zeit der Industrialisierung. Mit den 1200 Franken, die ihm die *Neue Zürcher Zeitung* für den Vorabdruck bezahlt, reist er wieder nach Schweden, wo er die Künstlerin Elsa Hammer heiratet. Dort entstehen weitere Romane: *Hermann Hitz*, ein autobiografisch zu lesender Künstlerroman mit Schauplatz Basel/Berlin, und der *Amerika-Johann*, ein schwedischer Bauernroman. Bis 1939 erlebt *Amerika-Johann* zwölf Auflagen. In seinem Bestseller bricht der junge Autor mit der traditionellen Gattung des helvetischen Heimatromans, indem er die bäuerlichen Milieuschilderungen in den Norden verlegt – und damit zugleich als einer der ersten ein Bild des fernen Skandinaviens vermittelt.

Seine literarische Laufbahn wird vorübergehend zugunsten eines bürgerlichen Berufs unterbrochen: Fünf Jahre lang amtet Moeschlin in Arosa als Kurdirektor, lässt sich dann mit Frau und Kindern in Uetikon am See nieder und schreibt für die *National-Zeitung* Kurzgeschichten, Glossen und Kommentare zum schweizerischen Zeitgeschehen. Seine spitzen Betrachtungen, in denen «eine Kritik an der schweizerischen Engstirnigkeit, am Kantönligeist und am privatwirtschaftlichen Egoismus»[142] durchschimmert, erscheinen 1929 gesammelt als *Eidgenössische Glossen.*** Während den Kriegsjahren betätigt sich Moeschlin als Inlandsredakteur der neu gegründeten Tageszeitung *Die Tat*, schreibt für den *Schweizer Beobachter* und wird 1940 als Nachfolger von Gottlieb Duttweiler in den Nationalrat gewählt. Zu dieser Zeit ist er mit seinem literarischen Hauptwerk, dem zweibändigen Opus *Wir durchbohren den Gotthard*, beschäftigt. Die fingierte Reportage, gestaltet mit viel Quellenmaterial, ist ein Dokument über die Entstehung des Jahrhundertbauwerks. Jakob Bührer urteilt nach dem Erscheinen: «Das antikapitalistischste Buch, das ich je gelesen habe.» 1947 gibt Moeschlin sein Nationalratsmandat ab und zieht sich in eine umgebaute Scheune in Brissago zurück, wo er bis zu seinem Tod ein bescheidenes Leben als freier Schriftsteller fristet. In seinem Tagebuch von 1951/52 notiert er: «Meine Bücher sind bis auf ein paar Fersen-Exemplare*** und Reste des Gotthardbandes vergriffen. Die Jugend weiss nichts von mir. Einkommen aus meinen Büchern ca. Fr. 500 je Jahr.»[143]

Werke: Die Königschmieds, Berlin 1909; Hermann Hitz, Berlin 1910; Der Amerika-Johann, Leipzig 1912 (Neuausgabe, Zürich 1981); Eidgenössische Glossen, Erlenbach 1929; Wir durchbohren den Gotthard, 2 Bde., Zürich 1947/49 (Neuausgabe, Zürich 1964).

Literatur: Wamister, Christof: Felix Moeschlin. Leben und Werk, Bern 1982.

* Die Zeitschrift erschien zuerst wöchentlich, dann zweimal monatlich bis 1913. Die antisemitischen Zwischenzeilen brachten das Blatt bald in Verruf, die namhaften Mitarbeiter gingen auf Distanz.

** Im Jahre 1931 versucht Moeschlin, sein Schreiben nutzbringend zu machen. Er veröffentlicht am 30. September in der *National-Zeitung* unter dem Titel *Eine schweizerische Weltspende* einen Artikel, in welchem er fordert: «Die Schweiz arbeite drei Tage im Jahr für die Welt. Das heisst, sie gebe jährlich den Ertrag dreier Arbeitstage, um irgendeine grosse Not in der Welt zu lindern.» «Phantastereien eines Weltbürgers», wettert daraufhin die *Neue Basler Zeitung*. Dennoch: Es kommen zwölftausend Franken zusammen. S. dazu: Wamister: Moeschlin, S. 38.

*** Gemeint ist der 1937 erschienene Roman *Der schöne Fersen*.

FRIEDRICH NIETZSCHE 1844–1900

«[E]in Buch vielleicht für Künstler mit dem Nebenhange analytischer und retrospektiver Fähigkeiten, voller psychologischer Neuerungen und Artisten-Heimlichkeiten, mit einer Artisten-Metaphysik im Hintergrunde, ein Jugendwerk voller Jugendmuth und Jugend-Schwermuth, unabhängig, trotzig-selbständig auch noch ... kurz ein Erstlingswerk.»[144]

1872 erscheint Nietzsches Debüt *Geburt der Tragödie*, das er in seinem Vorwort als «unmögliches Buch» bezeichnet. Und in der Tat: Es ist ein Buch vielleicht für Wagner, keines jedoch für traditionelle Philologen und Philosophen. Die Gelehrtenwelt kritisiert: unwissenschaftlich, spekulativ und bar jeder Logik und Methodik. Den im Akademikerbetrieb ebenfalls verrufenen Basler Privatgelehrten Johann Jacob →**Bachofen** indes begeistert das Werk und seine junge Gattin ist gleichermassen entzückt von dessen Autor. Als der fünfundzwanzigjährige Nietzsche direkt von der Leipziger Universität und ohne Dissertation seine Philologie-Professur antritt, kümmert sich die vornehme Basler Gesellschaft um den jungen Preussen. Er wird zum Essen eingeladen, und mit Luise Bachofen-Burckhardt spielt er Klavier. Eine besondere Freundschaft pflegt Nietzsche bald mit Jacob →**Burckhardt**, der wie er am oberen Pädagogium unterrichtet. Nietzsche verehrt ihn nicht nur wegen seines universellen Wissens und der stillen Bescheidenheit; er mag auch seinen «Schopenhauerschen Pessimismus».[145]

Ein Jahr nach Nietzsche kommt der ‹zweifelnde› Kirchenhistoriker Franz Overbeck nach Basel. Er steigt in der ‹Baumannshöhle› am Schützengraben 41 ab, wo bereits Nietzsche wohnt. Zwischen den beiden entwickelt sich eine lebenslange Freundschaft. Die Junggesellen lassen sich von ihrer Schlummermutter bekochen, diskutieren nächtelang über Nietzsches *Geburt der Tragödie* und Overbecks entstehende Schrift *Die Christlichkeit unserer heutigen Theologen*. Zwischen 1873 und 1876 publiziert Nietzsche die *Unzeitgemässen Betrachtungen*, 1876 erscheint *Menschliches, Allzumenschliches. Ein Buch für freie Geister*, in dem der Philosoph den Aphorismus als literarische Form für sich entdeckt. 1876/77 nimmt Nietzsche krankheitshalber ein Jahr lang Urlaub. Seine Gesundheit verschlechtert sich dennoch, die Sommerhitze macht ihm zu schaffen: «Die Basler Klimatologen behaupten, während dieser Zeit sei es physisch unzuträglich, in Basel zu bleiben»,[146] schreibt er bereits im ersten Jahr seines Basler Aufenthaltes. Unterdessen sind zehn Jahre vergangen. Des Dozierens müde und kränklich, lässt sich Nietzsche frühpensionieren und löst seine Wohnung im Juni 1879 auf. Fortan führt er ein ruheloses Wanderleben als Privatgelehrter. Verwirrte Briefe aus Turin veranlassen seinen Freund Overbeck, 1889 nach Italien zu reisen und Nietzsche samt seinen Schriften* nach Basel zu holen. Eine Woche bleibt Nietzsche in der Nervenklinik ‹Friedmatt›. Es ist sein letzter Aufenthalt in Basel, danach holt ihn die Mutter nach Deutschland zurück. Das letzte von ihm zum Druck bestimmte Werk sind die *Dionysos-Dithyramben*. Während Nietzsche das Manuskript mit pedantischer Aufmerksamkeit ins Reine schreibt, versendet er bereits vom Wahnsinn diktierte Briefe. Die Sammlung beginnt mit einem Gedicht, in dem es heisst: «Nur Narr! Nur Dichter!/Nur Buntes redend,/aus Narrenlarven bunt herausredend,/herumsteigend auf lügnerischen Wortbrücken,/auf Lügen-Regenbogen/zwischen falschen Himmeln/herumschweifend, herumschleichend –/n u r Narr! N u r Dichter!»[147]

Werke: Kritische Studienausgabe in 15 Bänden, hg. v. Giorgio Colli und Mazzino Montinari, 2., durchgesehene Aufl., Berlin/New York 1999 (Bd. 1: Geburt der Tragödie; Unzeitgemässe Betrachtungen. Bd. 2: Menschliches, Allzumenschliches. Bd. 6: Dionysos-Dithyramben).

Literatur: Hoffmann, David Marc: Nietzsche in Basel – Aspekte einer bedeutsamen Beziehung, in: Basler Stadtbuch 1994, Basel 1995; Nietzsche und die Schweiz, Ausstellungskatalog, hg. v. David Marc Hoffmann, Zürich 1994 (mit verschiedenen Beiträgen zu und über Nietzsche).

* Einen kurzen Überblick über die Hintergründe, die zu den zwei Nietzsche-Nachlässen in Weimar und Basel führten, gibt Marc David Hoffmann in seinem Beitrag *Nietzsche in Basel* im Basler Stadtbuch 1994.

PETER OCHS 1752–1821

Für die einen Zeitgenossen ist er ein gewiefter Diplomat und Revolutionär von oben. Für die andern ist er ein Landesverräter. Gewiss aber ist er ein fortschrittlicher Patrizier, typischer Spätaufklärer und politischer Reformer. Peter Ochs hat politische Träume. Und er spielt mit Fiktionen. Zeit seines Lebens betätigt sich der Staatsmann immer auch literarisch. Als der in Nantes und Hamburg aufgewachsene Ochs mit seinen Eltern zum ersten Mal nach Basel, die Heimatstadt seines Vaters, kommt, hat er bereits ein Opernlibretto, zwei Tragödien und einen Abschiedsbrief an die Musen verfasst, in dem er sich vom Dichtertum lossagt. Er ist siebzehn Jahre alt, und sein Vater hat anderes mit ihm vor. Nach zwölf Monaten Provinz kehrt Ochs nach Hamburg zurück. 1774 lässt sich die Familie dann endgültig am Rhein nieder. Unterdessen ist der junge Bürgersohn Kaufmann geworden und hat nebenbei zur Dichtkunst zurückgefunden. In Basel beginnt er Jurisprudenz zu studieren, nach vier Semestern promoviert er. 1777 tritt er in die Schlüsselzunft ein und amtet als Grossbasler Gerichtsherr. Er heiratet Salome Vischer, zieht mir ihr in den barocken ‹Holsteinerhof› und wird auf Einladung seines Mentors und späteren Freundes Isaak **→Iselin** Mitglied der ‹Gesellschaft zur Aufmunterung und Beförderung des Guten und Gemeinnützigen› (GGG). Für seine literarischen Ambitionen findet er zwei neue Wirkungsfelder: 1781 beginnt er mit dem Verfassen einer auf acht Bände angelegten Basler Geschichte und 1787 gründet er zusammen mit einigen aufgeklärten Bürgern die **→Allgemeine Lesegesellschaft**.

Nach Iselins Tod übernimmt Ochs dessen Amt als Ratsschreiber. Und wie schon sein Vorgänger, so ärgert sich Ochs über die selbstgefällige Behäbigkeit des oligarchen Machtapparats. Gemässigt revolutionäre Gedanken beschäftigen ihn, während er in der Ratsstube sitzt und protokolliert. Er wird zum glühenden Anhänger der Französischen Revolution. Im Herbst 1797 ist auch die alte Eidgenossenschaft revolutionsreif. Die Spannungen nähern sich ihrem Höhepunkt, als Napoleon am 27. November 1797 auf seiner Reise zum Kongress von Rastatt in Basel Station macht und Ochs zu Verhandlungen nach Paris einlädt. Diesem denkwürdigen Besuch in Basel widmet Ochs 1808 eine Komödie mit dem Titel *L'Homme à l'Heure*.

Anfang 1798 erheben sich die Baselbieter Untertanen unter tatkräftiger Mithilfe von Ochs – und auch in Basel kommt es zu einer unblutigen Revolution durch die aufgeklärte Elite (**→Huber**). Bezeichnend für das patriarchalische Demokratieverständnis der Basler ‹Patrioten› schreibt Ochs in seiner Stadtgeschichte: «Wenn wichtige Veränderungen einem Staat bevorstehen, so wäre es Unsinn, die

Leitung davon Taglöhnern, Fischweibern, Trödlern zu überlassen.»[148] Wunschgemäss kommt es mit französischer Hilfe zu einer gesamtschweizerischen Revolution. Ochs schreibt die Verfassung für den neuen Zentralstaat, die Helvetische Republik. Er wird Senatspräsident und wenig später Mitglied der Exekutive des Helvetischen Direktoriums. Ein Jahr danach wird er von seinem Kontrahenten Fréderic-César de La Harpe als ein im Dienste Frankreichs stehender Verräter diffamiert. Nach dem erzwungenen Rücktritt zieht sich Ochs von der Bühne des grossen Weltgeschehens zurück, engagiert sich in Basel im Kleinen Rat für Schulreformen und verfasst neue Dramen: 1802 schreibt er *Zeltner ou la Prise de Soleure*, in dem er revolutionäre Patrioten und Vertreter des Ancien Régime über die Zukunft eines helvetischen Nationalstaats diskutieren lässt. Im Opernlibretto *Prométhée* verarbeitet er 1807 den antiken Prometheus-Stoff zu einer Hymne auf Kaiser Napoleon I. und Zar Alexander I., im gleichen Jahr gibt er das Stück *L'Incas d'Otahis* in Druck: eine Südseetragödie, in welcher er die Utopie einer idealen, religiös toleranten Gesellschaftsform entwickelt. Ochs ist der erste in Basel, der das im 18. Jahrhundert gängige Motiv der Inselutopie literarisch aufnimmt. Der Entwurf seines Idealstaates wird weder auf der Bühne noch im wirklichen Leben realisiert, das Drama bleibt literarische Utopie.

Werke: L'Incas d'Otahis, Basel 1807; L'Homme à l'Heure, Paris 1808; Prométhée, Paris 1808.

Literatur: Geißler, Albert: Peter Ochs als Dramatiker, in: Basler Jahrbuch 1894, Basel 1894; von Wartburg, Beat: Musen & Menschenrechte. Peter Ochs und seine literarischen Werke, Basel 1997.

JOHANNES OEKOLAMPAD 1482–1531

Hätte Wibrandis Rosenblatt zur Feder gegriffen, wüssten wir vielleicht noch anderes über die religiösen Wirren der Reformationszeit. Stoff genug hätte ihr das Leben mit ihren vier Männern zweifellos geboten – drei davon waren führende Reformatoren. Doch den Frauen ist nicht nur der Zugang zu kirchlichen Ämtern verwehrt; auch der Schreibtisch ist kein ihnen zugedachter Ort. Ihre Wirkungsstätte bleibt das Heim – und in Wibrandis besonderem Fall das Pfarrhaus am Hasengässlein. Mit vierundzwanzig Jahren lernt die Baslerin, bereits Witwe und Mutter einer Tochter, Johannes Oekolampad kennen, der damals schon sechsunddreissig Jahre zählt. Er heisst eigentlich Hans Huszgen und wird von den Freunden Hus-schin – der Leuchter – genannt, was schliesslich, gräzisiert, zu ‹Oecolampadius› führt. Als die ersten Bilder brennen, zieht Wibrandis ins Pfarrhaus des Theologieprofessors. Und während ihr Gatte seine Vorlesungen im übervollen Kollegium hält, bewirtet sie seine illustren Gäste.

Nach dem kirchenrevolutionären Aufstand und der Entscheidung zugunsten der Reformation im Februar 1529 tritt in Basel die von Oekolampad verfasste evangelische Kirchenordnung in Kraft. Auf sein Wirken hin wird zudem der deutsche Kirchengesang eingeführt (→**Kollros**). Oekolampad gehört ausserdem zu den ersten Verfechtern einer Schule, die über Standesschranken hinweg unentgeltlich allen Mädchen und Jungen offen stehen soll. Sein frommer Wunsch wird lange nicht erfüllt werden (→**Weisses Haus**). Zwei Jahre später stirbt der Reformator und hinterlässt Frau und drei Kinder. Zur gleichen Zeit hat sein Strassburger Mitstreiter Wolfgang Capito seine Frau verloren. So kommt es, dass Wibrandis nach dem Tod ihres Gatten Basel verlässt und in Strassburg Oekolampads Freund ehelicht – und mit diesem weitere fünf Kinder hat. Unterdessen ist sie achtunddreissig Jahre alt, Mutter von neun Kindern. Nach neun Ehejahren stirbt Capito. Im selben Jahr verliert Martin Bucer, ebenfalls ein alter Reformgenosse ihrer beiden verstorbenen Männer, seine Frau. Wibrandis heiratet den einundfünfzigjährigen Witwer. Nochmals bekommt sie zwei Kinder. Infolge des Augsburger Interims muss Bucer Strassburg verlassen. Er reist nach England, Wibrandis folgt ihm später nach. Wenige Wochen nach ihrer Ankunft stirbt er. Die vierfache Wittfrau kehrt mit ihrer Kinderschar zurück nach Basel, wo sie vermutlich um 1564 der Pest erliegt. Sie wird neben Oekolampad im Kreuzgang des Münsters bestattet.

Literatur: Staehelin, Ernst: Das Reformationswerk des Johannes Oekolampad. Rede, gehalten am 24. November 1931 zum vierhundertjährigen Gedächtnis von Oekolampads Todestag, Bern / Leipzig 1932; Guggisberg, Hans Rudolf: Johannes Oekolampad, Stuttgart 1981 – Haase, Lisbeth: Wibrandis Rosenblatt. Ein Leben an der Seite der Reformatoren, Stuttgart 2000.

HEINRICH PANTALEON 1522–1595

Sein Vater ist ein Bilderstürmer, von den Wissenschaften hält er wenig, und dass sein Sohn studieren will, lehnt er entschieden ab. Die väterliche Autorität scheint den jungen Heinrich Pantaleon indes wenig zu beeindrucken: Er packt sein Bündel, fährt nach Augsburg, arbeitet vorübergehend als Buchdrucker und studiert daneben Theologie. Bis ihm das Geld ausgeht und er zufälligerweise Sixt →**Birck** trifft, seinen alten Lehrer aus der Basler Zeit. Dieser empfiehlt ihn einem ausgewanderten Italiener als Übersetzer, mit dem er nun als Dolmetscher durch die deutschen Lande reist. In Heidelberg setzt Pantaleon sein Studium fort. 1543 kehrt er nach Basel zurück, unterrichtet, inventarisiert die neu eingerichtete →**Universitätsbibliothek**, erregt als halbgelehrter Mediziner Felix Platters Widerwillen und schreibt sein erstes, erfolgloses Schülerdrama, das die protestantische Rechtfertigungslehre zum Inhalt hat. Nur gerade ein Mal wird das Stück aufgeführt, und das Aufregendste dabei ist, dass die weiblichen Rollen von Frauen gespielt werden. Bedeutend mehr Ruhm bringt ihm sein *Teutscher Nation Heldenbuch* ein. Der erste Teil dieser umfassenden Porträtsammlung bedeutender Männer erscheint 1568 in Basel, im selben Jahr folgt *Der ander theil*, 1570 der dritte und letzte. 1700 Personen finden sich in diesem panegyrischen Wälzer: Kaiser und Könige, Bischöfe und Päpste, Dichter und Gelehrte – in chronologischer Reihenfolge.[149] Jeder Aufgeführte wird mit einem Bild porträtiert. Jedes der rund 250 Klischees, die ihm dabei zur Verfügung stehen, verwendet er durchschnittlich sieben Mal, was zwangsläufig dazu führt, dass jeder siebte Held mit demselben Bild bedacht wird. Groteske Züge nimmt die Ahnengalerie dort an, wo antike Persönlichkeiten in zeitgenössischen Pelzmützen auftreten. Die Auswahl endet mit einer sechsseitigen Darstellung des Verfassers selbst. Seine krönende Vita schreibt er in der dritten Person. Selbstredend zählt sich ‹Palatinus› so zu den Grossen seiner Zeit, was ein späterer Biograf allerdings relativiert: «Dieser ... stämmige, robuste, mittelgroße schwarze Mann hatte eine beinahe unerschöpfliche Arbeitskraft besessen und einen stets nach vorne gerichteten, derben Lebenswillen. Im ganzen gesehen, war er ein Prototyp des kleinbürgerlichen deutschen Humanisten, dessen Leben von mittelalterlichen Traditionen und vom Erlebnis der Reformation zugleich bestimmt war.»[150]

Werke: Teutscher Nation Heldenbuch, Basel 1568/1570.

Literatur: Buscher, Hans: Heinrich Pantaleon und sein Heldenbuch, mit einer ausführlichen Einführung in Leben und Werk von Heinrich Pantaleon, in: Basler Beiträge zur Geschichtswissenschaft, Bd. 26, Basel 1946.

PARACELSUS 1493(?) – 1541 (THEOPHRASTUS VON HOHENHEIM)

«Den Frobenius hast Du aus der Hölle wieder herausgeholt, das ist die Hälfte meiner selbst. Wenn Du auch mich wieder in die Reihe bringst, wirst Du uns beide wieder miteinander herstellen. Möge das Geschick Dich hier in Basel festhalten.»[151] Auf **→Erasmus'** Schreiben hin kommt Paracelsus tatsächlich nach Basel. Er heilt hier nicht nur den Rotterdamer, sondern verschafft sich als Arzt einen streitbaren Ruf. Sein ‹Geschick› ist denn auch nicht von Dauer: Mit seinen unkonventionellen aber äusserst erfolgreichen Heilmethoden bringt der Mediziner die Fachwelt durcheinander. Er wirkt eine Zeit lang als Stadtarzt und darf als solcher an der Universität Vorlesungen halten. Ordnungsgemäss referiert er auf Latein, hält aber auch Vorträge auf Deutsch. Welch ein Bruch mit der Tradition! In seiner *Imitatio*, die er in dieser Zeit verfasst, verkündet er denn auch seine unakademische Haltung und fordert Erfahrung und eigene Erwägung statt Berufung auf Autorität. Sein Programm zur Erneuerung der Heilkunst ist eine provokative Kritik an der herkömmlichen Medizin und ihren Vertretern. Der angefeindete Professor geht indes noch weiter. Am Abend des 24. Juni 1527, als das Johannisfeuer lichterloh brennt, schleudert er vor zahlreich erschienenem Publikum ein medizinisches Standardwerk in die Flammen. Weiterhin hält der unorthodoxe Professor seine Vorträge vor vollen Reihen, die Gegner jedoch sind nun zu allem entschlossen. Am Münsterberg, im ‹Lichtenfelserhof›, spielt sich der letzte Akt in Paracelsus' kurzem Basler Gastspiel ab. Dort lebt der Geistliche Conrad von Lichtenfels und leidet an Magenbeschwerden. Hundert Gulden ist ihm eine Heilung durch den Wunderarzt wert. Nach erfolgter Genesung überreicht er Paracelsus sechs Gulden – vierundneunzig zu wenig. Der erboste Medicus geht erfolglos vor Gericht. Erzürnt über so viel fromme Verfilzung beschimpft er die Richter, was ihm eine Klage und die Drohung einer Verhaftung einbringt. Fluchtartig verlässt Paracelsus die Stadt.

Seit 1977 ist im Eingang des alten Kollegiengebäudes am Rheinsprung auf einer Tafel zu lesen: «Theophrastus von Hohenheim genannt Paracelsus/Stadtarzt und Professor der Medizin/Seine überzeitliche Grösse wurde erst in unseren Tagen erkannt und gewürdigt.» Paracelsus' erste Gesamtausgabe in zehn Bänden erschien nach seinem Tod – bei Johann Huser in Basel.

Werke: Paracelsus. Lebendiges Erbe. Eine Auslese aus seinen sämtlichen Schriften, hg. v. Jolan Jacobi, Nachdruck der Ausgabe Zürich 1942, St. Goar 2002.

Literatur: Geerk, Frank: Paracelsus. Schauspiel in drei Akten, in: Ders.: Die Geburt der Zukunft. Reuchlin, Erasmus und Paracelsus als wegweisende Humanisten, Karlsruhe 1996; Benzenhöfer, Udo: Paracelsus, Reinbek bei Hamburg 1997.

ENEA SILVIO PICCOLOMINI 1405–1464

«Für die Wissenschaften und schönen Künste haben sie nichts übrig, niemals haben sie Namen des Cicero oder eines andern Redners nennen hören. Die Werke von Poeten verlangen sie gar nicht; sie geben sich höchstens mit Grammatik und Dialektik ab.»[152] Was sie indes haben: Einen Überfluss an Fischen jeder Art, reich ausgestattete Kirchen, edle Paläste, wohl proportionierte Gassen, zahlreiche Brunnen und heftige Regengüsse und «[a]lle Frauen ziehen sich nach der gleichen guten und bescheidenen Tracht an, so daß man auch die Dirnen für anständige Frauen halten kann.»[153] So zeigt sich Basel mit seinen Bewohnerinnen im Jahre 1432 – zumindest den Augen des jungen Sienesers Enea Silvio Piccolomini. Er ist hierher gereist, um über den internationalen Kirchenkongress zu berichten, der Basel für rund siebzehn Jahre zum Mittelpunkt des christlichen Abendlandes macht (→ **St. Alban-Tal**). Zehn Jahre beobachtet er das geistliche Treiben, unterbrochen einzig von seinen Gesandtschaftsreisen ins nahe Ausland.

Der aus ärmlichen Verhältnissen stammende Korrespondent hat in Siena Rechtswissenschaften studiert und nebenbei die römische Literatur für sich entdeckt. Seine Basler Berichterstattung dient ihm denn auch dazu, sich «in der Kunst der Darstellung auszubilden, damit später einmal bei der Abfassung größerer Werke geschärfter Geist und Sprachkraft ausreichten.»[154] Sein vermutlich 1440 beendeter Konzilbericht gibt Zeugnis von den Streitgesprächen der Theologen und Juristen, den wachsenden Spannungen in den Sitzungen bis hin zur Papstkrönung; er schildert aber auch das Leben in einer spätmittelalterlichen Stadt. Ergänzt werden seine Berichte durch Briefe, in welchen er über das Lesen und die Bildung sinniert, von seinen Reiseabenteuern berichtet und davon, wie es dazu kam, dass er in Graz die schöne Schottin Elisabeth schwängerte.*

Noch vor Ablauf des Konzils verlässt Piccolomini die Stadt. 1444 verfasst der inzwischen Schreibgeübte die traurige Liebesgeschichte von *Eurialus und Lukretia*, die seinen Ruf begründet, einer der ersten Novellisten zu sein. 1447 wird der Poet, der den sinnlichen Genüssen gleichermassen zugeneigt ist wie den geistigen, Bischof von Triest, 1458 besteigt er als Pius II. den Stuhl Petri. Mit den Glückwünschen aus Basel erreicht ihn auch die Bitte um die Stiftung einer Hochschule – ausgerechnet aus jener Stadt, in der keiner den Namen Ciceros kennt. Am 4. April 1460 wird das Einverständnis des Papstes in Form einer Stiftungsurkunde im Münster vorgelesen, und noch im selben Jahr öffnet die Universität am Rheinsprung ihre Hörsäle.**

Werke: Eurialus und Lukretia, Rom 1476 (Dt. Neuausgabe, Hildesheim 2000); Briefe, übers. und eingel. v. Max Mell, Jena 1911.

Literatur: Basel in einigen alten Stadtbildern und in den beiden berühmten Beschreibungen des Aeneas Sylvius Piccolomini, Basel 1951; Widmer, Berthe: Tag und Nacht eines Papstes. Enea Silvio Piccolomini. Ein Italiener gelangt zum Papststuhl auf dem Weg durch den Norden, in: Das 15. Jahrhundert. Alte und neue Mächte, hg. v. Michael Jeismann, München 2000.

* In einem Brief an seinen Vater schreibt er: «Als ich mehrere Tage nichts zu tun hatte, kam eine Engländerin in meinen Gasthof ... unsympathisch war sie nicht und alt war sie auch nicht. Mich freute die gute Laune der Frau, die immer zu einem Scherz aufgelegt war, und mir kam die Art der Kleopatra in den Sinn ... die Julius Caesar mit ihrem Geplauder betörte, und wer, frage ich, wird mir schwachen Menschen etwas zu Last legen, was die größten Männer auch nicht verschmähten ... Es wurde Abend, und am andern Tag wollte sie abreisen. Ich fürchte, daß mir die Beute entgeht. Ich bitte sie, bei Nacht den Riegel ihrer Türe offen zu lassen ... Nachdem überall Stille eingetreten ist, gehe ich zu dem Zimmer der Frau. Die Türe ist geschlossen, aber nicht verriegelt. Ich öffne, trete ein, bemächtige mich des Weibes. Und so wurde mein Sohn gezeugt. Die Frau hieß Elisabeth. Von Mitte Februar bis Mitte November dauerte die Schwangerschaft, das sagte mir die Frau nachher in Basel.» (Aus: Piccolomini, Briefe, S. 71)

** Bis ins 19. Jahrhundert residierte die Universität am Rheinsprung. Im 19. Jahrhundert wurde sie durch den Bau der Alten Universität ersetzt, der heute das Zoologische Institut beherbergt (Rheinsprung 9).

THOMAS PLATTER 1499(?)–1582

Thomas Platters Abstieg von den schroffen Bergen hinunter ins bürgerliche Stadtleben war ein steiler Aufstieg. Für seinen Lieblingssohn Felix hat er mit siebzig Jahren innerhalb von sechzehn Tagen seine erfolgreiche *Lebensbeschreibung* verfasst. Mit dieser Selbstdarstellung gehört Platter zu den Pionieren der Gattung Autobiografie: Schnörkellos und direkt erzählt er darin seine Vita: «Er schreibt gesättigt von Glück und glaubt, nicht unähnlich einem Gotthelfschen Bauern, an den Himmel, weil er ihn mit Fülle gesegnet hat ... Er sagt, indem er von sich spricht, vieles von den überpersönlichen Kräften und Zielen der Epoche aus.»[155] Als Knabe hütet er hoch oben in den Walliser Alpen Ziegen, lernt beim mürrischen Grächener Dorfpfarrer «die Schrift», wandert als Vagant sieben Jahre lang durch Deutschland, amtet in Zürich als Seiler und bringt sich Latein, Griechisch und Hebräisch bei. Er wird Anhänger von Zwingli, lernt den späteren Basler Theologieprofessor Myconius kennen und ehelicht dessen Magd. Mit Frau und vier Kindern, darunter Felix, zieht Platter nach Basel, steigt ins Druckereigewerbe ein und verlegt als erfolgreichsten Titel eine Schrift von Calvin. Danach trennt er sich von seinen Geschäftskollegen, betreibt für kurze Zeit einen Buchladen, beginnt erneut zu drucken, diesmal erfolgreicher. Daneben unterrichtet er am Münsterplatz, mit fünfundvierzig Jahren wird er Direktor des Gymnasiums. «Hebraisch, Griechis[ch] und Latein/pflanzt ich vierz[g] jar der jugendt ein», wird Sohn Felix später dichten. Aber auch Theaterspiel und dramatische Übungen gehören zu Platters bevorzugtem Lehrstoff. Damit gehört er zu den ersten Pädagogen, welche die theatrale Disziplin in ihren Lehrplan aufnehmen.

1536 wird Platter Basler Bürger. Nach dem Tod seiner ersten Frau heiratet er eine Städterin, mit der er nochmals sechs Kinder hat. Mit zweiundachtzig Jahren wird er zum letzten Mal Vater, was den unterdessen erwachsenen Sohn Felix zum lyrischen Kommentar verleitet: «Kinder noch zeugt [ich] nach achtzig jaren/darnach zu meinem Schöpffer g'faren.»[156] Für seine Grossfamilie kauft Platter an der Freien Strasse die zwei Häuser ‹zum Gejägd› und ‹Gross und Klein Rotenfluh› (heute Nummer 90–94), später kommt das Gundeldinger Schloss hinzu (heute Gundeldingerstrasse 280), wo der Edelmann Jan van Brugge (→Joris) sein Nachbar ist.

Ein glückliches Leben? Was der Vater hart errungen hat, fällt seinem Sohn Felix (1536–1614) gewissermassen frei zu: Geld, Ansehen, eine akademische

Laufbahn und ein bürgerliches Leben. In Montpellier studiert er Medizin, wird in Basel angesehener Stadtarzt und Professor an der Universität. Wie der Vater verfasst auch er im fortgeschrittenen Alter seine tagebuchartigen Memoiren. Sie enden allerdings ein Jahr vor seiner Hochzeit mit der – vom Vater auserkorenen – Ratsherrntochter Magdalena Jeckelmann. Zu den zahlreichen Hochzeitsgästen gehört auch Nachbar van Brugge. Das kinderlos bleibende Paar bezieht das Haus ‹zum Samson› an der Ecke Petersgraben/Hebelstrasse, wo sich heute das Antiquariat und die Buchhandlung ‹Anne-Marie Pfister› befindet. Bald zwitschern in Felix Platters Voliere Basels erste Kanarienvögel. Und man erzählt sich, dass zuweilen auch ein Elch im Garten graste.[157] Zudem züchtet Platter Orangenbäume und Raupen (deren Seidenproduktion ihm immerhin einige Pfund einbringen**) und empfängt so illustre Gäste wie Michel de Montaigne, der in seinem *Journal de voyage* notiert: «Nous y vismes la maison d'un medecin homme Felix Platter, la plus pinte et enriche de mignardise a la française qu'il est possible de voir.»[158]

Werke: Thomas Platter: Lebensbeschreibung, mit einem Vorwort von Walter Muschg, hg. v. Alfred Hartmann, Basel 1944 (Anlässlich des 500. Geburtstages ist eine Neuausgabe erschienen, Basel 1999). – Felix Platter: Tagebuch 1536–1567, hg. v. Valentin Lötscher, Basel 1976.

Literatur: Karcher, Johannes: Felix Platter. Lebensbild des Basler Stadtarztes, Basel 1949; Lötscher, Valentin: Felix Platter und seine Familie, Basel 1975.

* Siehe dazu: Karcher: Felix Platter, S. 88.

** Später, um 1850, wird in der Stadt der Seidenbandfabrikation hinter dem Badischen Bahnhof eine Maulbeerpflanzung angelegt, in der Hoffnung, die Seidenraupenzucht zu ‹industrialisieren›. Durch eine Seidenraupenkrankheit wurden die ganzen Kulturen zerstört. Heute erinnert die ‹Maulbeerstrasse› an das gescheiterte Experiment.

SUSANNE RONUS 1769–1835

Von einem hübschen und lebensfrohen Mädchen, «das ich mit Ehren überall ausführen kann; hinlänglich vertraut mit dem geselligen guten Ton, um sich in Anstand zu benehmen ... und eben gebildet genug, um über allgemeine Gegenstände geläufig mitzusprechen»,[159] träumt der eine Jüngling. Der andere wünscht sich «strenge Aufsicht über Wirtschaft, Kinder und Gesinde» und «keine gelehrte Frau, die durch ein neues literarisches Produkt von der Ausübung ihrer häuslichen Pflichten abgehalten wird.»[160] Vorzeigedame oder tüchtige Haushälterin? Die geglückte Verbindung zwischen diesen Ausprägungen weiblichen Daseins repräsentiert schliesslich die reale Gattin des Dritten im debattierenden Männerbund: «Meine Serena war beinah' unwissend in Führung einer Hauswirtschaft, aber ihr richtiger Verstand belehrte sie von der Nothwendigkeit ... und ihre Liebe, ihr Wunsch mir gefällig zu seyn, machten ihr jede Beschwerde leicht.»[161] Diesen literarischen Beitrag zum Weiberdiskurs um 1800 liefert nicht etwa ein Mann, sondern eine Frau. Susanne Ronus, bei Neffen und Nichten beliebt als unterhaltsame Geschichtenerzählerin, gilt als die erste Basler Schriftstellerin. Unter dem Pseudonym ‹Selma› veröffentlicht sie sieben Erzählbände – Frauengeschichten, die das Leben schreibt. Ihre Heldinnen sind trotzige Töchter, treue Verlobte, aufopferungsbereite Ehefrauen, tyrannische Tanten oder, wie in der obigen Erzählung *Die Hausfrau*, junge Männer auf der Suche nach der idealen Gattin. Ihren Stoff findet Ronus in der «Romanwelt des wirklichen Lebens»; mit ihren «Warnungsgeschichten» hofft sie, auf unterhaltsame Art beispielhaft zu wirken. Vor dem Hintergrund schicksalshafter Lebensgeschichten thematisiert Ronus die bürgerliche Erziehungs- und Gesellschaftsmoral und immer wieder die – unbestrittene – Stellung der Frau als Gattin und Mutter. Eine Rolle, die sie selbst jedoch nie einnimmt. Nach dem Tod ihres Vaters führt sie seine ‹Sommerzeug- und Tuchhandlung am Kornmarkt› weiter – und bleibt zeitlebens ledig.

Werke: Selma's Erzählungen aus der Romanenwelt des wirklichen Lebens, Aarau 1834.

Literatur: Susanne Ronus, in: Kubli, Sabine / Stump, Doris (Hg.): «Viel Köpfe, viel Sinn.» Texte von Autorinnen aus der deutschsprachigen Schweiz 1795–1945, Bern 1994.

IRIS VON ROTEN 1917–1990

Ungeniert schlendert sie in ihrem eleganten Ozelotmantel durchs nächtliche Zürich. Sie ist auf dem Weg zu einer Freundin. Die Spazierräume der Frauen sind allerdings begrenzt. Iris von Roten landet wegen Verdachts auf Prostitution und fehlender Ausweispapiere auf dem Polizeirevier. Zwei Wochen später publiziert die promovierte Juristin in einem geharnischten Artikel in der *Neuen Zürcher Zeitung* ‹ihren› Polizeirapport – und entzündet damit eine nationale Debatte zum Thema Frau und Freiheit. Iris von Roten, stets eine elegante Erscheinung, ist keine Unbekannte. 1943/1944 verantwortet sie die Redaktion des *Schweizer Frauenblattes*, bis sie mit ihrem Mann Peter von Roten* im Wallis eine Anwaltskanzlei eröffnet. 1949 wird er in den Nationalrat gewählt, wo er als Vertreter der ‹Katholisch-konservativen Volkspartei› umgehend ein Postulat einreicht, was zehn Jahre später (!) zur ersten eidgenössischen Abstimmung über das Frauenstimmrecht führt. Kurz vor der Geburt ihrer Tochter zieht das Paar nach Basel und lässt sich am Heuberg nieder, just in jenem Haus, wo ein Vierteljahrhundert zuvor Meta →**von Salis** ihre letzten Lebensjahre verbracht hat. Hier verfasst von Roten ihren Epoche machenden Bericht *Frauen im Laufgitter*. Im Vorwort schreibt sie: «Verfaßt ist das Buch für die weibliche Jugend, die das ‹Unmögliche› will, und für jene wenigen Männer, die soviel curiosité d'esprit besitzen, um sich dafür zu interessieren, wie die Männerherrschaft von der anderen Seite her aussieht.»[162] 1958 erscheint das Werk. Nach wenigen Wochen sind die «Offene[n] Worte zur Stellung der Frau» (Untertitel) vergriffen, und von Roten ist eine umstrittene Persönlichkeit. Mit ihrer schonungslosen Darstellung erzürnt sie nicht nur die Schweizer Bürger, sondern auch deren Gattinnen. Denn Iris von Roten kritisiert nicht nur die Ungleichheit zwischen den Geschlechtern, sie greift zudem das Tabuthema Sexualität auf, entmythologisiert die traditionellen weiblichen Werte und fordert neben rechtlicher und ökonomischer Gleichstellung dezidiert auch sexuelle Selbstbestimmung. Mit dieser doppelten Emanzipationsforderung eilt sie sämtlichen Frauenvereinen voraus. «Die in diesem Werk vertretenen Ansichten stehen im krassen Widerspruch zu den ethischen Zielen der schweizerischen Frauenorganisationen»,[163] distanziert sich der ‹Bund Schweizerischer Frauenvereine› (BSF) 1958 in einer Pressemitteilung. Als die Vorlage zum eidgenössischen Frauenstimmrecht 1959 abgelehnt wird, zieht sich von Roten zurück. Sie

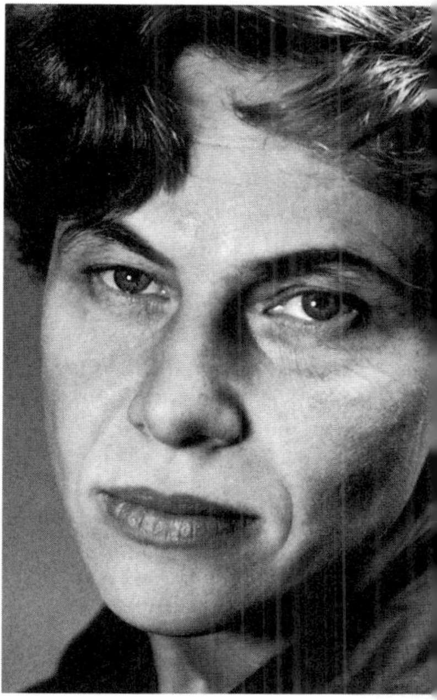

widmet sich der Kunst und ihren kulturellen Interessen, malt Blumenbilder. Während eines halben Jahres bereist sie mit ihrem Fiat die Türkei. Ihr Bericht *Vom Bosporus zum Euphrat* erscheint 1965. 1988 erleidet sie einen schweren Autounfall, von dessen Verletzungen sie sich nicht mehr erholt. Am 11. September 1990 nimmt sie sich in ihrem Haus am Heuberg das Leben. 1991 erscheint ihr jahrelang vergriffenes Buch neu und wird vierzig Jahre nach der Erstauflage zu einem Bestseller.

Werke: Frauen im Laufgitter, Bern 1958 (Neuausgabe, mit einem ausführlichen Nachwort von Elisabeth Joris, Zürich 1991); Vom Bosporus zum Euphrat, Stuttgart 1965.

Literatur: Köchli, Yvonne-Denise: Eine Frau kommt zu früh. Das Leben der Iris von Roten, Autorin von *Frauen im Laufgitter*, Zürich 1992.

* Peter von Rotens Grossvater mütterlicherseits war der Basler Anwalt Ernst Feigenwinter, der Gatte von Hedwig Kym. Kym war die jahrelange Lebens- und Arbeitsgefährtin von Meta von Salis, einer der ersten Frauenrechtlerinnen der Schweiz.

META VON SALIS 1855–1929

Mit ihrem Taschengeld kauft sich Meta von Salis, Tochter eines bündnerischen Schlossbesitzers, statt Kleider und Schmuck heimlich Bücher. Für ihren Bildungshunger hat der patriarchalische Aristokrat kein Verständnis. Dichten muss sie im Verborgenen. Ihren ersten Lyrikband veröffentlicht sie mit sechsundzwanzig Jahren. Fast ein ganzes Leben später schreibt Meta von Salis: «Einst spannte ich Wünsche und Bogen weit, / Mich lockten die blauesten Fernen. / Jetzt ist dem Wunsch schon geraume Zeit / Der Flügel gebrochen, der Bogen beiseit / Gelegt und nur nach den Sternen / Zu schau'n werd ich niemals verlernen.»[164] In Basel, wo sie diese Zeilen schreibt, verlebt Meta von Salis ihre letzten neunzehn Lebensjahre.

Früh schon hat die Bündnerin nach den Sternen gegriffen: in ihrem unermüdlichen Kampf für die Gleichstellung der Geschlechter, für das Stimmrecht der Frau, für den Anspruch auf Bildung. Mit dreissig Jahren verlässt von Salis als erste promovierte Historikerin der Schweiz die Zürcher Universität, schreibt kämpferische Zeitungsartikel, hält Vorträge, fordert politische und rechtliche Handlungsspielräume für Frauen. Die Benachteiligung des andern Geschlechts beschäftigt sie auch in ihren literarischen Werken. Neben Gedichten veröffentlicht sie ihren Roman *Die Schutzengel*, einen Erinnerungsband über ihren Freund Friedrich →**Nietzsche** sowie eine Anthologie mit Lebensbildern von Frauen (*Auserwählte Frauen unserer Zeit*). Obwohl sie mit ihren literarischen Texten nie grossen Erfolg hat, glaubt sie an die Einflussmöglichkeit der Literatur und daran, dass die Welt mit Worten, wenn nicht zu ändern, so doch zu verbessern sei. 1892, als in Basel die Feierlichkeiten anlässlich der Vereinigung von Gross- und Kleinbasel begangen werden (Rudolf →**Wackernagel**), steht Meta von Salis in Zürich vor Gericht. Der Grund: Ehrverletzung. Anlässlich einer Klage gegen die Frauenrechtlerinnen Caroline Farner und Anna Pfrunder bezweifelt sie in einem öffentlichen Schreiben die Kompetenz der männlichen Justiz. Sie wird zu einer hohen Geldbusse und acht Tagen Haft verurteilt. Meta von Salis interpretiert dies als einen gezielten Schlag gegen die Frauenbewegung. Mit ihrer Freundin Hedwig Kym verlässt sie die Schweiz, lebt die nächsten Jahre in Capri. 1910 kehren die Frauen zurück an den Rhein, wo Hedwig Kym den Basler Juristen und Grossrat Ernst Feigenwinter heiratet. Zu dritt wohnen sie am Heuberg 12 (→**von Roten**). In Basel tritt Meta von Salis zwar nicht mehr als aktive Frauenrechtlerin in Erscheinung; während den Kriegsjahren entwickelt sie jedoch nochmals eine rege Schreibtätigkeit. Über siebzig Artikel erscheinen, sie beginnt ihre (unveröffentlichte) Autobiografie, publiziert den zweiten Band *Auserwählte Frauen* und schreibt Aphorismen und Gedichte. Nach dem Tod ihres Gatten zieht Kym wieder zu ihrer kränkelnden Freundin. Nach einem letzten Ausflug nach Capri stirbt Meta von Salis.

Werke: Gedichte, Zürich 1881; Die Schutzengel. Roman in drei Bänden (Zwei Bände erschienen), München 1889–1891; Philosoph und Edelmensch. Ein Beitrag zur Charakteristik Friedrich Nietzsches, Leipzig 1897; Auserwählte Frauen unserer Zeit, Bd. I, Selbstverlag 1900/Bd. II, Selbstverlag 1919; Aristokratica, Selbstverlag 1902; Aristokratica II, Zürich 1919.

Literatur: Stump, Doris: Sie töten uns – nicht unsere Ideen. Meta von Salis-Marschlins, Thalwil/Zürich 1986.

JAKOB SCHAFFNER 1875–1944

Am Ende seines Lebens ist Jakob Schaffner wieder das, was er am Anfang war: ein Verschmähter. Das Verstossensein ist sein Schicksal, es ist Anlass zum Schreiben. Und liefert den Stoff für seine Dichtung, die vergessen ging, weil der Dichter vergessen werden musste. Der Autor Schaffner ist vom Politiker Schaffner nicht zu trennen – zumindest nach 1936 nicht mehr, als er sich öffentlich zum Nationalsozialismus bekennt und sein Dichtertalent in dessen Dienst stellt. Während ihn die deutsche Literaturkritik hochjubelt, trauert die schweizerische um ihren verlorenen Sohn – einen der vielversprechendsten.

1905 veröffentlicht Schaffner durch Vermittlung seines Freundes Hermann →**Hesse** beim renommierten S. Fischer Verlag sein Debüt *Irrfahrten*. In rascher Folge erscheinen dann Erzählungen und Romane, immer wieder ist es die «kleinbürgerliche Ungeistigkeit» (Dieter Fringeli), gegen die er anschreibt, und der er früh schon zu entfliehen sucht. Als er acht Jahre alt ist, stirbt sein Vater, seine Mutter verreist mit Tochter und Liebhaber nach Amerika, er kommt in die pietistische Waisenanstalt Beuggen, wo autoritäre Gewalt und strenge Zucht herrschen. Mit sechzehn Jahren beginnt er in Basel eine Schuhmacherlehre, wird vorzeitig auf die Landstrasse gesetzt und wandert als Schustergeselle durch Europa, auf der Suche nach dem Glück, nach einer Gemeinschaft und nach sozialer Gerechtigkeit. 1911 lässt er sich in Berlin nieder, lebt als freier Schriftsteller, hat Erfolg.

1922 erscheint sein biografisches Meisterwerk *Johannes*. Darin lässt Schaffner sein kaum verhülltes Alter Ego die Stationen einer verlorenen Kindheit durchleben. Durch die Anstaltshallen ertönt jetzt laut, wofür der junge Zögling damals keine Worte fand: Protest gegen repressive Erziehungsmethoden und gegen die Ungerechtigkeit, das junge Leben nicht leben zu können. Eindringlich beschreibt Schaffner die beklemmend-dumpfe Atmosphäre des Instituts, in dem es sogar verboten ist, «in das Schneegestöber über der Rheinbreite zu blinzeln, dem leuchtenden Zug der Frühlingswolken im weiten Himmelblau zu folgen, den Sommer flimmernd und zitternd vor Reife über den Schweizer Bergen still stehen zu fühlen, oder mit den Augen die Farbenherrlichkeit und Milde des Herbstlichtes in uns zu trinken.» Der Basler Theologe und Schriftsteller Carl Albrecht Bernoulli lobte: «[E]r [ist] mit der deutschen Sprache umgegangen wie ein Akrobat mit seinen Gliedern, und die tollen Sprachverrenkungen ... waren nur die zappelnden Signalwimpel für den Sturm im eigenen Hause.»[165] Bis in die Fünfzigerjahre wird der Roman beinahe 100 000 Mal verkauft. Die Nachfolgebände *Die Jünglingszeit des Johannes Schattenhold, Eine deutsche Wanderschaft* sowie *Kampf und Reife* finden weniger Anklang. In seinen späteren Publikationen ergreift Schaffner Partei für den Nationalsozialismus und begreift sich gleichzeitig als Eidgenosse – eine Haltung, die in der Schweiz kein Verständnis findet. Schaffner will glauben, dass im künftigen Reich Schicksale wie das seine der Vergangenheit angehören. Deutschland verheisst ihm Heimat, gibt dem Entwurzelten einen Rückhalt. Vielleicht hätte seine politische Entgleisung zum Stoff seines späteren Schreibens werden können, doch die Gnade der späten Einsicht bleibt ihm verwehrt: 1944 kommt Schaffner bei einem Bombardement in Strassburg ums Leben.

Werke: Johannes. Roman einer Kindheit, Stuttgart/Berlin/Leipzig 1922; Die Jünglingszeit des Johannes Schattenhold, Stuttgart/Berlin 1930; Eine deutsche Wanderschaft, Berlin/Wien 1933; Kampf und Reife, Stuttgart 1939.

Literatur: Fringeli, Dieter: Ein helvetisches Ärgernis. Das Tabu Jakob Schaffner, in: Ders.: Dichter im Abseits, Zürich 1974; Zingg, Martin: Versuch, ein Vorurteil nachzuprüfen. Jakob Schaffner, in: Allmende, Heft 18/19, Zürich 1987; Kamber, Peter: «... und so bist Du der geschmähteste Dichter der Schweiz geworden». Die scharf beobachtete Mission des Nazi-Schriftstellers Jakob Schaffner 1940/41 in seiner schweizerischen Heimat, in: Basler Magazin, Nr. 3, 23.1.1999.

SCHEICH IBRAHIM 1784–1817 (JOHANN LUDWIG BURCKHARDT)

«[W]enn Ihr mich jetzt sehen könntet; auf den Knieen auf einem mit Teppich bedeckten Boden sitzend, ... [eine] den Rauch durchs Wasser treibende Pfeife in der Hand, in meiner weiten Türkischen Kleidung, einem respektablen Barte, auf meinem Schooße Arabische Manuscripte und Wörterbücher»,[166] schreibt Johann Ludwig Burckhardt aus London an seine Eltern in Basel. Er hat gefunden, was er seit Jahren suchte. Nach Sprachaufenthalten und juristischen Studien in Göttingen und Leipzig bleibt der Kaufmannssohn trotz väterlicher Protektion ohne feste Anstellung. So reist er nach London und stellt sich in den Dienst der ‹African Exploration Society›. In deren Auftrag soll der Sohn aus dem Basler Stadtpalais ‹Kirschgarten› als Kulturforscher Afrika bereisen. Seine Reise ins Ungewisse beginnt in Aleppo, führt durch den Vorderen Orient ins syrische Hinterland und nach Palästina. Mit einer Kamelkarawane durchwandert Scheich Ibrahim, wie er sich fortan nennt, den Sinai und entdeckt die Vorzüge der Wüstentiere. An den Vater, der in Gelterkinden im oberen Baselbiet eine herrschaftliche Sommerresidenz besitzt, schreibt er: «Ich gedenke bey meiner Zurückkunft Dir ein Präsent von einem Joch von Kameelen zu machen, denn wahrlich in der ganzen Landwirtschaft gibt es kein nützlicheres Thier als das Kameel.»[167] Weitere Stationen sind Ägypten, Nubien, das Rote Meer, Medina und Mekka, das er als erster Europäer detailreich beschreibt. 1815 weilt er vorübergehend in Kairo, reist dann weiter in Richtung Sinai. Immer hat er sein Tagebuch dabei und notiert gründlich und genau seine geologischen, ethnologischen und kulturhistorischen Funde und Beobachtungen. Diese Aufzeichnungen, die die ‹African Exploration Society› nach seinem Tod in fünf Bänden veröffentlicht, sind die ersten wissenschaftlichen Studien über den damals noch wenig bekannten Orient. Den Winter 1816/17 verbringt Scheich Ibrahim wieder in der ägyptischen Hauptstadt. Er überarbeitet seine Reisejournale, stellt eine arabische Sprichwortsammlung zusammen, schickt orientalische Handschriften, die er auf seinen Exkursionen gefunden hat, nach London. Über diese Handschriften, die er der Universität Cambridge vermacht, schreibt er in einem Brief vom 22. Dezember 1816 an seine Mutter: «Ich habe auch schon eine Privat-Sammlung von schätzbaren Arabischen Manuscripten gemacht, wie vielleicht wenige öffentliche Cabinette und wohl kein Privat-Mann in Europa besitzt. Ohngefähr 350 Bände von auserlesenen Manuscripten größtentheils historischen Inhalts sind ein großer Schatz, und diejenigen, welche wissen, wie schwer es hält sie zu erlangen in Syrien und Egypten, werden meine Bemühungen wohl erkennen. Die meisten dieser Bücher sind schon in England.»[168]

Zu einer geplanten Expedition durch die Sahara kommt es nicht mehr. Der Forschungsreisende stirbt an einer Fischvergiftung. In der Nähe von Kairo liegt er auf einem muslimischen Friedhof begraben.

Werke: J. L. B.'s Reisen in Nubien, Weimar 1820; J. L. B.'s Reisen in Syrien und dem Gelobten Land, Jena 1822; J. L. B.'s Reisen in Arabien, Weimar 1830; Bemerkungen über die Beduinen und Wahaby, Weimar 1831; Arabische Sprüchwörter oder die Sitten und Gebräuche der neueren Ägypter erklärt aus den zu Kairo umlaufenden Sprichwörtern übersetzt und erläutert von Johann L. Burckhardt, Weimar 1834.

Literatur: Burckhardt-Sarasin, Carl/Schwabe-Burckhardt, Hansrudolf (Hg.): Scheik Ibrahim. Briefe an seine Eltern und Geschwister, Basel 1956 ; Wollmann, Therese: Scheich Ibrahim. Die Reisen des Johann Ludwig Burckhardt, Basel 1984.

WERNER SCHMIDLI 1939

«Faszination weicht blankem Entsetzen, als der Junge sieht, wie der alte Fischer dem zappelnden Tier emotionslos das Genick bricht und das Blut die eben noch glänzende Fischhaut verschmiert. Die toten Augen erscheinen ihm am schrecklichsten. Er rennt davon. ‹Dummer Junge, rief der Alte, glaubst du, man könne ... Fische ...› Seine Worte gingen im Donnern eines Güterzuges unter.»[169]

In der Erzählung *Der Junge und die toten Fische* aus dem gleichnamigen Band schildert Werner Schmidli die Begegnung eines Sechsjährigen mit einem Angler, bei welcher der Junge, unvermittelt und ungeschützt, mit der rüden Realität konfrontiert wird – so wie sie eben ist. Die Wirklichkeit unbeschönigt darzustellen, ist denn auch das zentrale Anliegen des jungen Autors. Schmidli ist als Sohn eines Industriearbeiters im Kleinbasel aufgewachsen, sein Umfeld ist das Arbeitermilieu. Zehn Jahre lang ist er als Laborant in der Chemie tätig, dann verlässt er Basel, reist zwei Jahre um die Welt, beginnt zu schreiben und sich damit «gegen die phantasielose, materialistische Umwelt»[170] aufzulehnen. Seine Werke begreift Schmidli als sozialkritischen Beitrag. «Ich nehme Geschehnisse aus dem Alltag und schreibe sie zusammen mit meinen Befürchtungen, Hoffnungen, Erfahrungen und Erwartungen nieder. Dabei sollen Sprache, Form und Aussage zu einer Einheit werden.»[171] *Der Junge und die toten Fische* ist Schmidlis erster Erzählband. Es folgen die Romane *Meinetwegen soll es doch schneien* und *Schattenhaus*. In allen Texten bildet das Kleinbasler Arbeitermilieu den biografischen Hintergrund, vor dem der Autor Wirklichkeit und Möglichkeit eines anderen Lebens thematisiert. In seinen frühen Werken greift Schmidli die Tradition der ‹proletarischen Prosa› auf und führt sie weiter. Wenn Gottfried, der Protagonist in *Schattenhaus*, sich gegen den Vater und dessen Aufstieg vom Arbeiter zum Kleinbürger auflehnt, dann skizziert der Autor damit einen dritten Lebensentwurf: jenen des Anarchisten und Querdenkers. Nach der Rückkehr von seiner Weltreise arbeitet Schmidli halbtags in einem Verlag und engagiert sich als Mitarbeiter beim *drehpunkt* (**→Geiser**). Seit Ende der Siebzigerjahre widmet er sich nur noch dem Schreiben. Mit dem *Mann am See* gibt er das autobiografische Erzählen auf und findet im Kriminalroman eine neue Gattung.

Werke: Der Junge und die toten Fische. Erzählungen, Einsiedeln / Zürich / Köln 1966; Meinetwegen soll es doch schneien, Einsiedeln / Zürich / Köln 1967; Das Schattenhaus, Einsiedeln / Zürich / Köln 1969; Der Mann am See, Zürich 1985.

Literatur: Werner Schmidli, in: Bloch, Peter André / Hubacher, Edwin (Hg.): Der Schriftsteller in unserer Zeit. Schweizer Autoren bestimmen ihre Rolle in der Gesellschaft. Eine Dokumentation zu Sprache und Literatur der Gegenwart, Bern 1972.

HANSJÖRG SCHNEIDER 1938

Der Romanheld Kommissär Hunkeler wohnt an der Mittleren Strasse, so wie auch sein Schöpfer. Einfache Bürgerhäuser mit kleinen Vorgärten prägen das Strassenbild. Hunkeler fährt oft ins nahe Elsass. Auch der Schriftsteller Hansjörg Schneider tut dies gerne. Und wie Hunkeler trinkt er seinen Wein in der rauchigen Quartierbeiz ‹Nordbahnhof›, gleich um die Ecke, wo die Arbeiter verkehren und es nach verbranntem Öl riecht. Wie Hunkeler, so glaubt auch Schneider nicht an die staatlich garantierte Gerechtigkeit. Ist sein Protagonist etwa sein Alter Ego? Natürlich nicht, schliesslich ist Schneider Dichter und nicht Polizist.

In Aarau geboren, wächst Schneider in Zofingen auf und studiert in Basel Germanistik, Psychologie und Geschichte. Er kennt die Stadt schon aus seiner Jugendzeit. In einer Kolumne schreibt er: «Das zweite Mal fuhr ich mit sechzehn nach Basel, per Autostop. Ich wollte das Meer sehen und fand im Rheinhafen ein Schiff, das mich nach Rotterdam brachte. Das dritte Mal fuhr ich mit zwanzig nach Basel, um an der Uni zu studieren. Seither bin ich hier mehr oder weniger kleben geblieben.»[172]

Bereits in den Sechzigerjahren veröffentlicht er erste Prosaarbeiten, 1966 promoviert er, ist dann als Lehrer, Journalist und zeitweilig als Regieassistent am Theater Basel tätig. 1972 debütiert er mit seinem Drama *Sennentuntschi* – ein fantastisch-realistisch-derbes Volksstück, das von einem Skandal hoch in den Schweizer Alpen handelt. Heute zählt Schneider zu den meistgespielten Dramatikern der Gegenwart.

Als Romanautor reüssiert er 1976 mit dem schmalen Band *Der Bub*, 1980 folgt *Lieber Leo*. Dieser private Abschiedsbrief an einen toten Freund, in dem die rauchige ‹Rio Bar› am Barfüsserplatz immer wieder Schauplatz ist, entwirft zugleich auch das Bild einer Generation, die in den Fünfzigerjahren aufgewachsen ist. Jahre später, 1993, taucht dann Schneiders liebenswerter Detektiv Hunkeler erstmals im St. Johannsquartier auf. Seither hat der Kommissär mit seinem feinen Spürsinn für die Psyche von Opfer und Täter vier Fälle gelöst. Schneider hat das Genre Kriminalroman spät für sich entdeckt. Auf die Frage, ob diese Gattung eine Altersform sei, meint er: «Sicher. Das Schöne ist ja, dass Hunkeler auch 63 ist. Der altert mit mir. Wenn ich 70 bin, ist Hunkeler auch 70. Und er wird immer noch herumschnüffeln.»[173]

Werke: Das Sennentuntschi, Zürich 1972; Der Bub, Basel 1976; Lieber Leo, Zürich 1980; Silberkiesel, Zürich 1993; Flattermann, Zürich 1995; Das Paar im Kahn, Zürich 1999; Tod einer Ärztin, Zürich 2001.

CARL SPITTELER 1845–1924

Wäre es nach dem Willen des Liestaler Regierungsstatthalters gegangen, hätte sein Sohn eine Militärkarriere eingeschlagen. Gegen den Wunsch des Vaters entscheidet sich der Sechzehnjährige jedoch für eine Dichterexistenz. Carl Spitteler fährt nun täglich mit der neuen Eisenbahn von Liestal nach Basel, um sich juristische Vorlesungen anzuhören. Nach zwei Semestern wechselt er die Disziplin. Als überzeugter Atheist studiert er in Zürich, Heidelberg und zuletzt in Basel Theologie. Daneben entstehen erste dramatische Versuche. Auf Ratschlag seines ehemaligen Lehrers Jacob →**Burckhardt** beginnt er ein Epos: Heft um Heft kritzelt er voll mit Visionen, Situationen und Emotionen, die allesamt um eine Figur kreisen – Prometheus, Sinnbild des Widerstands gegen Autorität und Institutionen. Nach dem Studienabschluss zieht Spitteler der geordneten Akademikerlaufbahn das Abenteuer Russland vor. Acht Jahre weilt er im Zarenreich, verdient sich als Hauslehrer in aristokratischen Palästen sein Leben. Nach dem Tod seines Vaters kehrt er nach Liestal zurück und beendet die jahrelange Arbeit an seinem Epos. 1880 erscheint *Prometheus und Epimetheus*. Als einer von wenigen reagiert Gottfried Keller auf das Werk und nennt es immerhin ein «fremdartiges poetisches Phänomen».

In der realistisch-modernen Erzählprosa steht der Feuerbringer quer in der Dichterlandschaft. Spitteler versucht sich dem aktuellen Literaturmarkt anzupassen und übt sich nun als Novellist, Dramatiker und Lyriker. Diese «Zwischen- und Lernwerke», wie er seine literarische Produktion während seiner Basler Zeit nennt, bringen ihm erste öffentliche Anerkennung. Geld verdient er als Journalist bei den *Basler Nachrichten*. Er schreibt im Auftrag seines Liestaler Jugendfreundes und *Bund*-Redakteurs Josef Viktor Widmann eine fünfzehnseitige Rezension über Nietzsches Werke. 1882 heiratet er seine Schülerin Marietje Op den Hooff und zieht nach Luzern, 1889 wird er Feuilletonredakteur bei der *Neuen Zürcher Zeitung*. Nach dem Tod seiner wohlhabenden Schwiegereltern verwaltet Spitteler nebenberuflich das Vermögen, hauptberuflich widmet er sich der Schriftstellerei. Er beginnt mit seinem vierbändigen Hauptwerk *Olympischer Frühling*, für das er 1919 als erster und bislang einziger Schweizer den Literatur-Nobelpreis erhält. In rund zwanzigtausend jambischen Versen verlegt Spitteler seinen Konflikt mit der herrschenden Wert- und Weltordnung ins Sphärische, lässt, wie schon in *Prometheus und Epimetheus*, mythologische Figuren und Halbgötter auftreten. Sie agieren in einem kosmischen Raum, wo sich Fantasie, Traum und eigenes Erleben vermischen. Während seiner Arbeit

am *Frühling* entsteht sein erster und einziger Roman *Imago*. Autobiografisches spiegelt sich hier vor dem Hintergrund einer kritischen Sicht auf die Schweizer Berge, die, nach den Worten Spittelers, bedeutend kleiner wären, hätten sie die Schweizer selbst gebaut. Spitteler lässt seinen Künstlerhelden Viktor in die Stadt zurückkehren, an die ihn eine unglückliche Liebe bindet. Viktor, stets im Dialog mit einer imaginären Stimme, weiss schon zu Beginn: «Ein Bahnhofplatz wie ein anderer; starre Häuser, hart und grau wie überall; nichts von Purpurschein und Goldschimmer. Waren denn eigentlich früher die Gassen auch so zugig und leer? Puh, diese Staubwolken! ... Vor einem jedenfalls, Viktor, bist du in dieser steinernen Nüchternheit sicher: vor Liebesanfechtungen.»[174] Mit dieser ‹Heimkehr› thematisiert Spitteler aus ironisch-kritischer Distanz die Kleinstadtverhältnisse, in denen sich der unbürgerliche Lebensentwurf seines Alter Egos nicht verwirklichen lässt. Spitteler versteht *Imago* denn auch als persönliches Bekenntnis. Für die Psychoanalytiker um Freud ist der Roman – entgegen der Absicht des Autors – ein Meisterwerk der Psychologie und verleitet sie schliesslich dazu, ihre 1912 gegründete Zeitschrift *Imago* zu nennen.

Werke: Olympischer Frühling, Leipzig 1900–1905; Imago, Jena 1906 (Neuausgabe, Frankfurt a. M. 1990); Prometheus und Epimetheus, Jena 1923; Meistererzählungen, Neuausgabe, Zürich 1990.

Literatur: Stauffacher, Werner: Carl Spitteler. Biographie, Zürich / München 1973.

CHARLOTTE LOUISE STAEHELIN-BURCKHARDT 1877–1918

Unter dem Siegel der Verschwiegenheit vertraut die Siebzehnjährige ihr Tagebuch der Herzensfreundin Lisi an: «Mit all den Gedanken und Gefühlen, die ich empfunden habe.»[175] Bis kurz vor ihrem Tod wird Charlotte Louise, ‹Lolly› genannt, ihr Leben auf Papier festhalten. Achtzehn Hefte sind es zuletzt. Über die Jahre hinweg notiert sie, was sie erlebt, was sie bewegt. Ihr Tagebuch, anfänglich Ort ihrer heimlichen ‹Mädchenträume›, gestaltet sich zunehmend zu einer Chronologie der laufenden Geschehnisse im Basel der Jahrhundertwende. Mit Humor und treffend geschildert, wird ihre subjektive Berichterstattung zum erhellenden Dokument weiblicher Lebenswirklichkeit – einer Wirklichkeit, die sich vornehmlich fern von Krieg und Politik im wohlbegüterten Umfeld der patrizischen Oberschicht ereignet. «Dieser Winter hatte etwas Besonderes für uns. Es war unser erster Ballwinter, und wir hofften von Tag zu Tag eine Einladung zu erhalten»,[176] heisst es im ersten Tagebuch. Fortan prägen denn auch Teevisiten, gehobene Diners, Verlobungen und kulturelle Anlässe, wie etwa die Böcklinfeier, den Alltag: «Um sechs Uhr Abends begann die Theatervorstellung, von Dr. Rudi Wackernagel gedichtet und von Dr. Huber in Musik gesetzt. Die Aufführung war ein namenloses Durcheinander, sehr unverständlich und oftmals geradezu unanständig ... Lustig war das gut besetzte Haus zu sehen und alle Damen in hellen Toiletten.»[177] (Rudolf →**Wackernagel**). Die junge Tochter aus gutem Hause fügt sich fraglos in den für sie bestimmten Lebensweg: Welschlandjahr, Wunschhochzeit mit dem Arzt August Staehelin, Flitterwochen in Italien, dreimaliger Kindersegen, Klettertouren in den Alpen. Den Winter verbringt man an der Augustinergasse, den Sommer in der herrschaftlichen Villa auf dem Wenkenhof am Rande der Stadt. Familienleben und gesellschaftliche Ereignisse dominieren, erst der Krieg setzt dem aristokratischen Alltag ein Ende. Staehelin wird in ein deutsches Kriegslazarett berufen, Lebensmittel und Heizmaterial sind schwer zu beschaffen, Lolly bleibt allein mit ihren Kindern in Basel. «Heute waren 4 Flieger über dem Wiesental. Es war fürchterlich, es schoss nur, und sahen wir die Flieger, und die vielen kleine Rauchwölkchen ... Bin soeben 2 Stunden im Kneuel gestanden, um General Wille 2 mal im Auto vorbeifahren zu sehen ...»[178] 1918 erkrankt Lolly an einer grassierenden Grippe und stirbt völlig unerwartet. Ihre Tagebücher werden 2003 veröffentlicht.

Werke: Unter dem Siegel der Verschwiegenheit. Aus den Tagebüchern einer Baslerin des Fin de Siècle 1877–1918, 2 Bde., hg. v. Christoph E. Hoffmann, Zürich 2003.

THEA STERNHEIM 1883–1971

«Trinken einen Kaffee im Café Spelmann [Spielmann]. Sitzen eine Weile auf einer Bank der Rheinpromenade ... Ich staune über die saubere Kleidung der Spaziergänger. So viel blendend weisse Wäsche auf einmal!»[179] Thea Sternheim ist achtzig Jahre alt, als sie ihren Pariser Wohnsitz aufgibt und nach Basel an die Thannerstrasse zieht. Ein Jahr später notiert sie: «Dass mir in Basel Paris manchmal bis zum Heimweh fehlt ist selbstverständlich. Die schnellfassende, nervöse und meistens anarchische Pariser Strasse beschenkte einen ganz anders als das eigenbrötlerische und puritanische Basel. Was nicht hindert, besonders wenn man die alten verträumten Gassen am Spalenberg ... durchgeht [,] dass auch die einer gewissen Faszination nicht entbehren.»[180] Gesundheitliche Gründe haben Thea Sternheim in die puritanische Provinz geführt, in die Nähe ihrer Tochter aus erster Ehe, die hier als Sängerin lebt. Ihr Tagebuch, dessen erste Eintragungen aus dem Jahre 1905 datieren, führt sie auch in Basel fort. Hier ist nachzulesen, wie es zur Begegnung mit dem Dramatiker Carl Sternheim kommt. Ihre Liebesbeziehung muss zunächst geheim bleiben, beide sind verheiratet – wenn auch unglücklich. Die Liaison wird aber bald bekannt, 1906 verlässt Thea ihren Mann und heiratet im Jahr darauf den ebenso faszinierenden wie exzentrischen Dichter. In München, wohin das Paar zieht, pflegen die Sternheims einen aufwändigen Lebensstil, empfangen illustre Gäste. Mit seinen Komödien aus dem bürgerlichen Heldenleben feiert der Dramatiker erste Erfolge, und Thea führt kontinuierlich Tagebuch – schreibt über Sternheims Arbeit und seine wilden innen- und ausserehelichen Ausschweifungen, über ihre ungezählten Wohnorte in Deutschland, Belgien, Holland und der Schweiz. Sie erzählt vom Krieg und dem dröhnenden Patriotismus, von den beiden morphiumsüchtigen Sternheim-Kindern und deren frühem Tod, schliesslich von ihrem Hin- und Hergerissen-Sein zwischen Selbstaufgabe und dem Wunsch nach Freiheit. 1952 heisst es in ihrem Tagebuch: «Vor 25 Jahren, am 16ten Dezember 1927 meine Scheidung von Sternheim ... Immerhin 25 Jahre, während derer ich keine Stunde bereute, mich auf mich selbst zurückgezogen zu haben.»[181] Im selben Jahr erscheint ihr erster und einziger Roman *Sackgasse*, den sie in den Zwanzigerjahren zu schreiben begonnen hat.

Fünfundsechzig Jahre lang hat Thea Sternheim sich und die Welt um sie herum beobachtet. Ihr Tagebuch ist ein subjektives Zeitdokument, in dem sich, vor dem Hintergrund ihres bewegten, von Liebe und Leidenschaft ebenso wie von Krieg und Emigration geprägten Lebens, individuelles Schicksal mit kollektiver Geschichte verflicht. Noch 1962 fragt sie hinsichtlich ihrer Memoiren: «Für wen? Zu welchem Zweck? Wen kann meine Erfahrung interessieren. Gleichzeitig werde ich das beschämende Gefühl nicht los die von Tag zu Tag abbröckelnde Zeit zu vertrödeln.»[182] In ihrem letzten Lebensjahr vermacht Thea Sternheim ihre Aufzeichnungen dem Deutschen Literaturarchiv in Marbach. 2002 erscheinen ihre Tagebücher in fünf Bänden.

Werke: Tagebücher 1903–1971. 5 Bde. inkl. Kommentarband, hg. v. Thomas Ehrsam und Regula Wyss, Göttingen 2002.

FRANCISCA STOECKLIN 1894–1931

Zuweilen sehnt sie sich nach dem «Gewöhnlichsein». Manchmal möchte sie die Nacht und deren Geheimnis verstehen und den Gesang der Sterne vernehmen. Dann setzt sie sich hin und schreibt. Gedichte, die, mit Walter Muschgs Worten, «[g]anz aus sich selbst erwachsen, ohne sichtbare Berührung mit herrschenden Strömungen» und von den «Begebenheiten eines mondhellen Daseins» erzählen.[183] 1920 veröffentlicht Francisca Stoecklin ihren ersten Lyrikband, weitere folgen. Was sie mit den expressionistischen Dichterkollegen verbindet, sind ihre zeittypischen Themen Angst, Isolation, innere Zerrissenheit. Zwischen Finsternis und heller Glut, Abgrund und Höhe bewegt sich das lyrische Ich in visionären Zwischenwelten, fern von allem Politischen, nah am eigenen Erleben. Im Tanz, unter dem nachtblauen Himmel und in mystischen Erfahrungen sucht die Dichterin nach Räumen für ihre Sehnsucht, nach einem anderen Dasein. Im Versuch, Poesie und Alltagswirklichkeit zu verbinden, wählt Stoecklin eine Lebensform abseits aller weiblichen Konventionalität. Sie besucht die Kunstgewerbeschule in Basel, verdient ihr spärliches Geld als freischaffende Textilkünstlerin, reist, lernt im Münchner Künstlerlokal ‹Simplicissimus› den Expressionistenkreis um Emmy Hennings und Hugo Ball kennen. In Basel wird sie Mitglied der Künstlerbewegung ‹Das Neue Leben›, die ihr malender Bruder Niklaus zusammen mit dem Bildhauer Alexander Zschokke gegründet hat.

1920 heiratet sie Harry Betz, einen erfolglosen Buchhändler. Die finanzielle Misere hält das Paar indes nicht von zahlreichen Reisen nach München, Italien und Paris ab; nach einem längeren Berlinaufenthalt kehrt Stoecklin 1927 endgültig nach Basel zurück. In einem Brief an ihre Freundin Julie Weidenmann schreibt sie: «Basel wirkt so eng und bedrückend auf mich nach der gesteigerten Berliner Atmosphäre, die so angefüllt ist mit Geschehen und Möglichkeiten. Ich bin etwas ruhelos.»[184] 1928 lässt Stoecklin sich scheiden. Ihre letzten drei Lebensjahre verbringt sie als rauchende Bohèmienne in Basel, steht Malern Modell, leidet an ihrem kranken Herz – und an ihrem Anderssein. «Und manchmal lieb ich das Leben/Und habe die Welt so gern,/ Und stehe plötzlich daneben/Und schaue sie nur von fern,/Suche nach einer Brücke/Die zu den Andern reicht/Und finde nur eine Lücke,/Die einem Abgrund gleicht./Dann steigt mir auf ein Heimweh/So unstillbar und rein,/So eine große Sehnsucht/Wie nach ...Gewöhnlichsein.»[185]

Werke: Gedichte, Bern 1920; Lyrik und Prosa, hg. v. Beatrice Mall-Grob, Bern 1994 (mit einem ausführlichen Nachwort über Leben und Werk).

VERENA STÖSSINGER 1951

München oder Basel – das war damals die Frage. Zu jener Zeit lebt Verena Stössinger in Berlin. Nach der Matur ist die Luzernerin in die Kulturmetropole gezogen, um bei Ernst Wendt am Schillertheater zu assistieren. Als Wendt an die Kammerspiele nach München geht, bleibt sie vorerst in Berlin. Dann kommt das Angebot aus München für eine Stelle in der Dramaturgie. Gleichzeitig offeriert Hans Hollmann ihrem Mann, dem Schauspieler Jürgen Stössinger, ein Engagement in Basel.

Es habe für sie nicht nur ein Entweder-oder – Mann oder München – gegeben, erinnert sich Stössinger. Sie entscheidet sich schliesslich für die Provinz und damit auch für ein Studium. Zunächst arbeitet sie im Reiss-Verlag, wo Friedrich **→Dürrenmatts** und Hansjörg **→Schneiders** Dramen erschienen sind. 1978 kommt ihre Tochter zu Welt. Statt an die Uni zu gehen, schreibt Stössinger ihr viel beachtetes Debüt *Ninakind.* 1982 beginnt sie, nach einem Ferienaufenthalt in Dänemark, Nordistik, Germanistik und Soziologie zu studieren. Nach dem Abschluss arbeitet sie freiberuflich als Kulturjournalistin, daneben engagiert sie sich im Basler Literaturbetrieb: für die Literaturkreditkommission ist sie tätig, lange Jahre leitet sie das ‹Literarische Forum›, als Mitglied der ‹Literaturgruppe Basel› setzt sie sich für das Projekt **→Literaturhaus Basel** ein und ist Mitorganisatorin der Literaturfestivals, die seit 1997 regelmässig stattfinden. Das Vermitteln ist ihr ein Anliegen.

Stössingers «Haupt- und Herzarbeit» ist aber das eigene Schreiben. Ihr Oeuvre ist schmal: *Ninakind, Fallen, Gudrun – Schwester, Die Königin im Vorgarten*, ein noch unveröffentlichtes Stück *Der Tisch, die Wand, das Vaterland.* Sie arbeite langsam, mit jedem Text entdecke sie neue stilistische Möglichkeiten, meint die Autorin. Frauenbiografien interessieren sie, weibliche Lebensentwürfe in ihren Be- und Entgrenzungen. In ihrem jüngsten Roman, der im Herbst 2003 erscheint, geht es um Künstlerfrauen – nein, keine Biografie und auch kein Psychodrama, sondern «ein kleines Künstlerfrauentheater». Die Heldin, Gattin eines Schauspielers, reist nach Hamburg zu einer Premiere. Die Fahrt im Zug wird zu ihrer privaten Inszenierung: Historische Frauengestalten (aus Skandinavien) treten auf, vermengen sich mit Bildern aus dem (Theater-)Alltag, die Protagonistin führt fiktive Gespräche, zeitweilig wird sie selbst zur Figur im eigenen Spiel. Vor dem Hintergrund des Schauplatzes Theater hinterfragt Stössinger mit Witz und Erzählfreude Fremd- und Selbstbilder, Geschlechterrollen und Rollenspiele. «Es geht mir um die Distanz zwischen ‹Fertigbildern› und dem, was an einer Figur (noch) individuell ist.» Gerne sitzt die Literaturfrau im Café der Elisabethenkirche. Ein Steinwurf davon entfernt befindet sich der Bühneneingang zum Theater Basel. Das Theater ist für sie ein zentrales Motiv geblieben, in ihrem Leben und in ihrer Literatur.

Werke: Ninakind, in: Stössinger, Verena / Leuthold, Beatrice / Mattmann, Franziska: Muttertage. Leben mit Mann, Kindern und Beruf, Gümlingen 1980 (Ninakind, 3. Aufl., Gümlingen 1989); Fallen, Zürich 1984; Gudrun, Schwester, Zürich / Frauenfeld 1991; Die Königin im Vorgarten, Zürich / Frauenfeld 1994; Die Frau des Künstlers (Arbeitstitel), Wettingen 2003.

ELISABETH THOMMEN 1888–1960

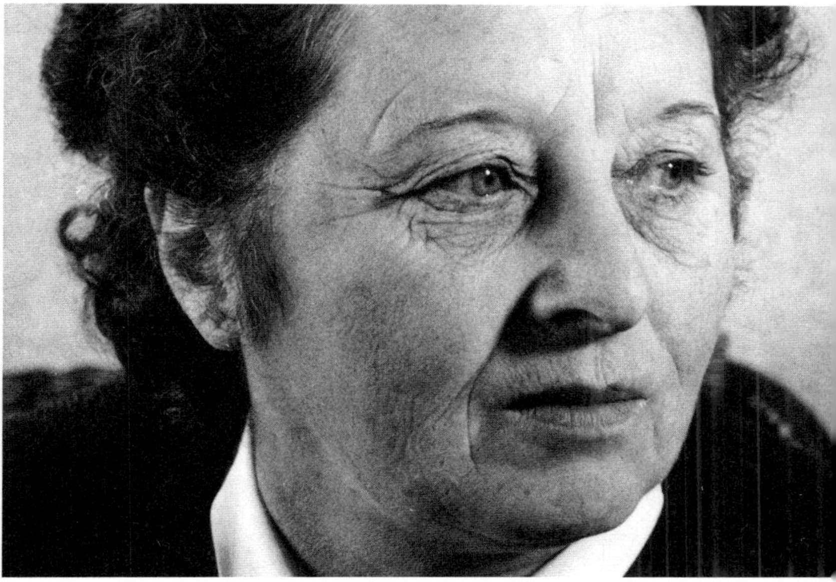

Mit ihrer spitzen Feder brüskiert sie auch Frauen – so leidenschaftlich und temperamentvoll setzt sich Elisabeth Thommen für deren Sache ein. In einem Frauenhaushalt wächst sie im Waldenburgertal auf, der Vater stirbt, als sie zwei Jahre alt ist. Sie besucht das Kindergartenseminar, arbeitet einige Jahre in ihrem Beruf und heiratet 1912 den Juristen und späteren Bankdirektor Albert Wirth. Fortan sitzt sie als kinderlose Hausfrau zuhause – bis sie eine Schreibmaschine kauft und sich journalistisch mit dem Dreiecksverhältnis zwischen Frau, Mann und Arbeit zu beschäftigen beginnt. Ihr zentrales Anliegen ist, neben dem Stimmrecht, die Erwerbstätigkeit der Frau – für Thommen fraglos die Voraussetzung zur Emanzipation. 1919 lässt sie sich von Wirth scheiden, zwei Jahre später heiratet sie den Schriftsteller Jakob Bührer, der ihren ersten Erzählband *Drei Tannenbäumchen. Drei Frauenbilder* herausgegeben hat. 1921 wird sie Redakteurin des neuen *Schweizerischen Frauenblattes.* Ihr Programm? «Natürlich die Rechte für die Frau, ohne Kompromisse, selbstverständlich der Geist der Gleichberechtigung!»[186] Nach zwei Jahren erhält sie die Kündigung. Kompromisslos. Unterdessen schreibt sie bereits für die *National-Zeitung*, wo sie während zwanzig Jahren die Seite ‹Von der Frau und ihrer Arbeit› betreut, am Radio verantwortet sie die ‹Frauenstunde›. 1931 veröffentlicht sie ihren Schlüsselaufsatz *Sie sucht und strebt und irrt …*, in dem sie von einem Geschlechterverhältnis träumt, in dem der Mann die eigenständig denkende und arbeitende Frau in ihrer Entwicklung unterstützt. Thommen scheitert mit ihren unkonventionellen Forderungen am allgemeinen Konsens. Dafür hat ihr 1937 erschienener Gedichtband Erfolg: *Es Buscheli grynt* – nicht gerade ein programmatischer Titel für das

Werk einer überzeugten Frauenrechtlerin – erscheint in mehreren Auflagen. In versöhnlichen Tönen, zuweilen auch in Mundart, zeigt sich die Dichterin hier von einer mütterlichen – und auch ironischen Seite: «Es Summervögeli flattered,/ ganz duuch durs Land dur-y./Isch grüüseli verdattered/'ass das sell müglig sy.»[187] Möglich wäre für Thommen vieles gewesen. Bereits 1921 formuliert sie in einem Vortrag ihre Forderungen: gleiche Erziehung für Knaben und Mädchen, freie Berufswahl für Frauen, Entlastungshilfen für erwerbstätige Mütter, neue Rollenbilder für Mann und Frau. Die Zeit ist viel langsamer. Nicht einmal die Einführung des eidgenössischen Frauenstimmrechts erlebt sie noch. Des Kampfes müde, verbringt sie ihre letzten Jahre zurückgezogen in Zürich.

Werke: Das Tannenbäumchen, Zürich 1919; Sie sucht und strebt und irrt. Ein Beitrag zur Frauenfrage, Zürich 1931; Es Buscheli grynt, Zürich 1937.

Literatur: Kubli, Sabine: Frauendarstellungen in der Literatur der Dreissiger Jahre, Unveröffentlichte Lizentiatsarbeit, Basel 1980; Richner, Anita/Schaad, Nicole: Die Zähmung einer Widerspenstigen. Das Beispiel der Journalistin Elisabeth Thommen, in: Die Schweiz: Staat – Gesellschaft – Politik. 1798–1998, hg. v. Sébastian Guex u.a., Zürich 1998.

JOHN F. VUILLEUMIER 1893–1976

In New York geht er ins Gefängnis. Freiwillig. Weil er die Häftlinge und ihre Welt kennen lernen will. In seinem 1956 erschienenen Roman *Sträfling Nummer 9669* hat John F. Vuilleumier seine Beobachtungen und Erfahrungen festgehalten. Eine programmatische Aktion für den promovierten Juristen, der nie als Jurist arbeitet, sich jedoch literarisch mit den ‹Outlaws› beschäftigt. Menschen, häufig gescheiterte Existenzen, sind sein zentrales Thema. Als Dichter macht er sich zu ihrem Anwalt, indem er die herrschenden Regeln kritisiert, die anders Funktionierende ins Abseits drängen. Er selbst entzieht sich dem bürgerlichen Leben immer wieder. Aufgewachsen ist der Enkel des Fabrikanten Joseph Schetty an der Unteren Rebgasse. In seinen 1946 veröffentlichten *Erinnerungen aus dem Reich der Färberherren* erzählt Vuilleumier Anekdoten aus seiner Kindheit im ‹Färberreich›. Das Fabrikareal ist für ihn ein Märchenland: «Hier wurden mit den vielen Tüchern, die zum Decken der Rohseidenhaufen dienten, die schönsten Zelte in den großen, sauberen Sälen gebaut. Hier spielte man mit einem altmodischen, hydraulisch betriebenen Warenaufzug ... und versank langsam aus den hellen Sälen des ersten Stocks im Rumpel hinunter in die Lokale der Weißfärberei, in welcher die langen, schmalen, mit Stoff ausgekleideten Holztröge ... standen und in welcher sich am Samstagabend die männliche Jugend der verschiedenen Familien samt gelegentlich Eingeladenen und Freunden zum Baden versammelte.»[188] Dem realen Industriealltag zieht er aber die Juristerei vor. Nach seinem Studium lebt Vuilleumier lange Jahre in Paris, arbeitet als Journalist, verkehrt mit James Joyce und Blaise Cendrars und schreibt erste Prosa. Dann zieht es ihn nach Amerika, rund zehn Jahre lebt er in New York. Bei Kriegsbeginn kehrt er in die Schweiz zurück. In Basel mietet er eine kleine Wohnung über dem Barfüsserplatz und widmet sich, unterbrochen von längeren Aufenthalten in den USA, in den Tropen und in Paris, seinem literarischen Schreiben. Rund fünfzehn Romane und zahlreiche Erzählungen entstehen hier. 1951 erscheint sein Schlüsselroman *Muramur*. Vor dem Hintergrund der abenteuerlichen Lebensgeschichte des Unterseebootkommandanten Pierre Cornet berichtet der Erzähler von seiner mystischen Begegnung mit Muramur, dem Unbekannten. Die Grenze zwischen realer Erzähl- und surrealer Erlebniswelt löst sich auf, Wirklichkeit und Fiktion gehen ineinander über. Die unterschiedlichen Erzählebenen werden zu Landschaften, gestaltet von Erinnerungen und Träumen, von wirklichen und unwirklichen Begegnungen.

Der weit gereiste Vielschreiber, dem «weltmännische Überlegenheit» und «bürgerliche Kultiviertheit»[189] zugesprochen werden, erhält 1960 den Literaturpreis der Stadt Basel. In seinen letzten Jahren lebt er am Totengässlein. Dort sitzt er oft am Fenster – und liest.

Werke: Erinnerungen aus dem Reich der Färberherren, in: Basler Jahrbuch 1946, Basel o.J.; Muramur oder die Fahrt ins Zwielich, Bern 1951; Sträfling Nummer 6996, Basel 1956.

Literatur: Fringeli, Dieter: Anwalt der Gestrandeten. J.F. Vuilleumier – ein Überlebender, in: Ders.: Dichter im Abseits, Zürich 1974.

RUDOLF WACKERNAGEL 1855–1926

29 800 Gulden ist der grossen Stadt die kleine wert. 1392 erwirbt Grossbasel vom Bischof, dem damaligen Besitzer, den rechtsufrigen Weiler. Der Kaufvertrag regelt den sofortigen Zusammenschluss der zwei Orte zu einem einzigen Gemeinwesen. Fünfhundert Jahre später wecken zweiundzwanzig Kanonenschüsse die Bevölkerung um sechs Uhr früh, zur Erinnerung an diesen historischen Tag. Zu hören sind Reden, zu sehen illustre Gäste und abends – zur Freude für Alt und Jung, Arm und Reich – ein Festspiel. Verfasst hat die «bürgerliche Traumgeschichte der Stadt»[190] Rudolf Wackernagel, Sohn des Germanisten Wilhelm →**Wackernagel** und promovierter Jurist. In vier Szenen erzählt der Gelegenheitsdichter von der Gründung Basels im Jahre 374, vom Bau der Rheinbrücke anno 1225, von König Rudolf I. von Habsburg, der 1285 den Kleinbaslern die Freiheit verlieh und endlich von der legendären Schlacht bei Sempach. Der Komponist Hans Huber schreibt die Musik dazu. Das Riesenspektakel, drei Mal unter freiem Himmel aufgeführt, wird von rund dreissigtausend Zuschauern besucht, einem Drittel der damaligen Stadtbevölkerung. Interessant an diesem Spiel ist nicht nur der neue Blick auf die alte Geschichte; aufschlussreich gestaltet sich auch die Rollenverteilung der mitwirkenden Bevölkerung: Die einst herrschenden Herren werden hoch zu Ross von den Patriziern, die mittelalterlichen Stadtbürger von Kleinbürgern und Angestellten dargestellt. Das theatrale Abbild der realen sozialen Wirklichkeit geht vermutlich im optisch und akustisch überwältigenden Eindruck unter.* Wackernagel, der im prosaischen Alltag der erste Staatsarchivar von Basel ist, sechs Kinder hat und im ‹Kleinen Eptingerhof zu St. Martin› auf dem Martinsplatz wohnt, verfasst noch weitere Festspiele: Zum fünfzigsten Gründungsjubiläum der ‹Historischen und Antiquarischen Gesellschaft›, zur Feier an-

lässlich des siebzigsten Geburtstags Arnold Böcklins, zur vierhundertjährigen Zugehörigkeit Basels zur Eidgenossenschaft. Mit diesen Werken gehört Wackernagel zu jenen helvetischen Autoren, die im ausgehenden Jahrhundert die Festspielkultur begründen. 1883 wird der Archivar zusätzlich noch Sekretär der Regierung – und damit in doppelter Weise mit Basels Chronik vertraut. Nach Christian →**Wurstisen** und Peter →**Ochs** ist er denn auch der Dritte, der die Geschichte bis ins 15. Jahrhundert neu beleuchtet. Die ersten drei Bände erscheinen zwischen 1902 und 1924, der letzte erst nach seinem Tod 1925.

Werke: Festspiel zur Klein-Basler Gedenkfeier, Basel 1892; Festspiel zur Böcklin-Feier in Basel, Basel 1897; Geschichte der Stadt Basel, 3 Bde. (in 4 Teilen), Neuausgabe, Basel 1968.

Literatur: Schmidt-Westmann, Heiner: Rudolf Wackernagel, in: Regio Familienforschung, Jg. 8, Nr. 4, Basel 1995.

* Einer, der den Feierlichkeiten fernblieb, war Jacob Burckhardt. Einem Freund schreibt der damals Vierundsiebzigjährige: «Unser hiesiges Dasein steht augenblicklich ganz unter dem Zeichen eines der sinnlosesten Riesenfeste, welches heut über 8 Tage beginnen soll. Die Verherrlichung des Jahres 1392, da Gross- und Kleinbasel eine Stadt wurden ... Ich für meine Person habe natürlich eine Altersdispens und brauche nicht dabei zu sein, und wenn nur der ganze pathetische Schwindel glücklich vorübergeht bin ich völlig zufrieden.» Jakob Burckhardt an Friedrich von Preen, 2. Juli 1892, in: Ders: Briefe, Vollständige und kritische Ausgabe, Bd. 10, Basel 1986, S. 36.

WILHELM WACKERNAGEL 1806–1869

Zu Beginn des 19. Jahrhunderts ist Kleinhüningen noch ein Fischerdorf. Von der Stadt führt der Weg vorbei an freundlichen Gärten und behäbigen Höfen, man spaziert an grünen Hängen entlang, noch kein Fabrikschornstein qualmt. Jeweils Samstags flaniert eine Gruppe Männer ins Fischerdorf, um dort in den ‹Drei Königen› einzukehren. Unterwegs sezten sie sich zuweilen in den Schatten eines Lindenbaumes. «[U]nd ganz wie die Minnesänger es zu tun pflegten, zog jeder, der ein Erzeugnis seiner Muse vorzutragen hatte, sein Gedicht aus der Tasche, um es mit schüchterner oder lauter Stimme vorzulesen. Reihum wurde das betreffende Gedicht rezensiert.»[191] Das abschliessende Urteil spricht der hünenhafte Blonde unter ihnen, Professor Wackernagel aus Berlin, der seit 1833 an der Basler Universität deutsche Sprache und Literatur unterrichtet. Schon in Berlin, wo Wackernagel mit Chamisso, Eichendorff und den Gebrüdern Grimm verkehrt hat, hat er einen Hang zur Gruppenbildung verspürt. Sein damaliger Literaturclub hiess ‹Der Namenlose›. Kaum in Basel, lädt er wöchentlich zum akademischen ‹Dichterkränzchen› in seine Wohnung in der St. Johanns-Vorstadt.* Die Freizeitpoeten Karl Rudolf Hagenbach, Theodor Meyer-Merian und Balthasar Reber gruppieren sich um ihn, später gesellen sich auch Wackernagel-Schüler hinzu. Er selbst veröffentlicht zahlreiche wissenschaftlichen Schriften, darunter eine zweibändige *Geschichte der deutschen Literatur* und eine Abhandlung über Johann **→Fischart**. Daneben versucht er sich als Lyriker. Seine Gedichte publiziert er in dem von ihm betreuten Literaturalmanach *Schweizerische Alpenrosen*. Während sein poetischer Blick über die Grenzen hinweg schweift, beschäftigen sich seine Kollegen vorwiegend mit Basel, dem Vaterland, der Familie.

Hagenbach (1801–1874), der mit seiner Gattin Rosina Geigy im ‹Sennenhof› residiert, ist Theologe und Autor einer siebenbändigen Kirchengeschichte. Der Hebel-Verehrer ist ein typischer «Poet des Basler Bürgerhauses»,[192] der – bezeichnend für die Zeit der ‹Biedermeier-Männer› – Hauspoesie verfasst. Mit Vorliebe schreibt er Gelegenheitsgedichte, die er, häufig in Mundart, an Hochzeiten, Taufen und sonstigen Familienanlässen vorträgt. Als Manuskriptdruck veröffentlicht er sie im *Geigy'sche[n] Familienbuch*.

Auch sein jüngerer Dichterkollege Meyer-Merian (1818–1867), ein engagierter Arzt und späterer Direktor des Bürgerspitals, findet seine Motive vornehmlich in der Familie, im Garten und in seiner kleinen Stadt. Am Nadelberg 14, wo er mit Frau und Kindern wohnt, entstehen nach Feierabend vaterländische Dramen, Mundartgedichte und volkstümliche Erzählungen, in denen sich die Protagonisten nach der guten alten Zeit sehnen. Während in Deutschland der Vormärz blüht, wird bei Meyer-Merian ein uralter Baum, der im Frühling nicht mehr treiben will, zum Sinnbild seiner Zeitklage: «So ragen auch in der Stadt B, aus alter Vergangenheit stehen geblieben, gothische Thürme ... fremd in das neumodische Treiben und Jagen ... Immer seltener wird das Alte, das Eigenthümliche hat sich flüchten müssen in die Kirchen, hinter die Brunnstöcke oder gar in alte Rumpelkammern.»[193] Unter dem stimmigen Titel *Entschwundene Zeiten* hat der Dichterpfarrer Friedrich Oser Meyer-Merians vergessene Idyllen 1869 veröffentlicht.

Reber (1805–1875), der Dritte im engeren Kränzchenverbund, ist Geschichtswissenschaftler, lehrt an der Universität und schreibt Historisches und Biografisches. Sein Spezialgebiet ist die Schweizer Geschichte; sie liefert denn auch den Stoff für seine Dichtungen. Sein ungemein grosses Wissen wird mehr bewundert als dessen künstlerische Gestaltung. Seine öffentlichen Rezitationen sind indes beeindruckend. «Blutdürstig, wild, hinreissend», lautet ein Kommentar anlässlich einer Lesung in der Safranzunft, wo er sein Hauptwerk *Bilder aus den Burgunderkriegen* vorträgt. Bis in die Sechzigerjahre tagt das ‹Kränzchen›, schliesslich entwickelt sich daraus die spätromantische ‹Basler Dichterschule›, deren namhafteste Vertreter Jacob →**Burckhardt**, Heinrich Leuthold (→**Kron**) und Carl →**Spitteler** sind, allesamt ehemalige Mitwanderer an den samstäglichen Ausflügen ins Fischerdorf Kleinhüningen.

Werke: Wackernagel, Wilhelm: Gedichte, Basel 1873. – Hagenbach, Karl Rudolf: Geigy'sches Familienbuch. Lieder und Sprüche in Freud und Leid, Basel 1863. – Meyer-Merian, Theodor: Entschwundene Zeiten, hg. v. Friedrich Oser, Basel 1869. – Reber, Balthasar: Bilder aus dem Burgunderkrieg, Basel 1855.

Literatur: Wackernagel, Rudolf: Wilhelm Wackernagel. Jugendjahre 1806–1833. Im Anhang: Gedichte aus den Jahren 1821–1833, Basel 1885; Hoffmann, Karl Emil: Wilhelm Wackernagel, in: Ders. (Hg.).: Basler Dichterstätten, Basel 1934. – Über alle vier erwähnten Autoren finden sich kurze Porträts und Hinweise zu einzelnen Werken in: Socin, Adolf: Basler Mundart und Basler Dichter, 74. Neujahrsblatt der GGG, Basel 1895; Jenny, Ernst: Basler Dichtung und Basler Art im 19. Jahrhundert, 105. Neujahrsblatt der GGG, Basel 1927.

* Nach seiner Heirat zieht er ins St. Alban-Kloster. Nach dem Tod seiner Frau bewohnt er mit seiner zweiten Gattin den ‹Hinteren Württemberger Hof› (Brunngässlein 11).

LISA WENGER 1858–1941

«Meine Kinder waren bei ihrer Lehrerin versorgt, meine Hühner, Hasen und Enten auch.»[194] Die reiche Fabrikantengattin langweilt sich im abgeschiedenen Jura. Basel ist so fern wie Paris, Florenz und Venedig. Dort hat Lisa Wenger-Ruutz als junge Frau Kunst studiert. Mit ihren Bildern ist sie an der Zürcher Landesausstellung von 1881 präsent, in Basel dann eröffnet sie ein Malatelier für Mädchen und Frauen. Als ihr Mann eine Direktorenstelle in Delsberg annimmt, gibt sie ihr Unternehmen auf. Um dem Nichtstun zu entrinnen beginnt sie zu schreiben. «Jeden Morgen sass ich nun im winzigen Zimmerchen, ... in dem nichts stand als ein Tisch, ein Stuhl und ein Tintenfass und schrieb ein Märchen ums andere.»[195] Ihre Prosa erzählt von Alltagssorgen im bürgerlichen Milieu, ihre Figuren, stets liebevoll gezeichnet, streben harmonische Konfliktlösungen innerhalb der gesellschaftlichen Konventionen an. Und finden sie meistens auch. Zuerst erscheinen ihre Texte in der *Neuen Zürcher Zeitung*; die Kritik ist frauenfreundlich, und sogar Josef Viktor Widmann rezensiert sie im *Bund*. 1926 kehren die Wengers zurück nach Basel, wo sie das neu renovierte ‹Bichtigerhus› (Klingental 13/15) erwerben. Zwei Jahre später stirbt Theo Wenger, Lisa Wenger bleibt bis zu ihrem Tod im stattlichen Haus, empfängt ihren (noch) Schwiegersohn Hermann →**Hesse** und die mittellose Schriftstellerin Cécile Ines →**Loos**, die aus der Not heraus zuweilen Wengers Manuskripte ins Reine tippt. Den grössten Erfolg bis heute verzeichnet Wenger mit ihrem 1908 publizierten Kinderbuch *Joggeli söll ga d'Birli schüttle*; es ist das einzige ihrer zahlreichen Werke, das heute noch erhältlich ist.

Werke: Joggeli söll ga d'Birli schüttle, Bern 1908.

Literatur: Wenger, Lisa: Mein Leben, in: Schweizer Frauen der Tat. 1855–1885, Zürich 1929; Lisa Wenger, in: Kubli, Sabine / Stump, Doris (Hg.): «Viel Köpfe, viel Sinn». Texte von Autorinnen aus der deutschsprachigen Schweiz 1795–1945, Bern 1994.

URS WIDMER 1938

Eine seiner bevorzugten Kneipen ist die ‹Hasenburg› an der Gerbergasse. In diesem alten Lokal, dem die Zeit nichts anzuhaben scheint, kehrt er gerne ein. Lange lebt Urs Widmer schon in Zürich, nach Basel kommt er, um eine Ehrung zu empfangen, wie 1999 den Riehener Kulturpreis oder um als Festredner im neu eröffneten **→Literaturhaus Basel** aufzutreten. Widmer ist ein preisgekrönter Autor und ein viel gelesener. Sein jüngster Roman *Der Geliebte der Mutter*, in dem ein Sohn die obsessive Liebes- und Leidensgeschichte seiner Mutter erzählt, wird zum internationalen Bestseller. Widmer ist zudem auch einer, der viel und unablässig schreibt: Romane, Erzählungen, Essays, Theaterstücke und Hörspiele. 1968 erscheint seine erste Erzählung *Alois*. Da wohnt der in Riehen aufgewachsene Lehrerssohn, der in Basel, Paris und Montpellier Germanistik, Geschichte und Romanistik studiert hat, bereits in Deutschland. In Frankfurt arbeitet er als Lektor beim Suhrkamp Verlag. 1984 kehrt er zurück in die Schweiz, in der Limmatstadt lebt er seither als freier Schriftsteller. Basel bleibt Vergangenheit, ist Ort der Kindheit und der Jugendzeit. In der 1992 erschienenen Erzählung *Der blaue Siphon* kommt der Erzähler in seine Vaterstadt und findet alles so vor, wie es einst war. Eine Zeitreise beginnt: Erinnerte Wirklichkeit vermischt sich mit der imaginären Vorstellungswelt des Jungen, der er einst war, fiktionale und realbiografische Erzählmomente gehen ineinander über, Traum und Wunsch, wie häufig bei Widmer, münden in bizarre Fantasiewelten. Sie gestalten sich zu üppigsinnlichen Gegenwelten und bilden einen gezielten Kontrast zur Trauer und Schwermut – die bei Widmer immer auch Leben bedeuten. Die Fabulierkunst des Erzählers gründet in der Spannung zwischen der unumgänglichen Normalität und der damit verbundenen unumgänglichen Sehnsucht. Seine fantastischen Geschichten sind in ihrer Irrealität so wahr, wie die Wahrheit zuweilen irreal ist. In einem Essay schreibt Widmer: «Ich bin der Ansicht, dass Phantasie nichts anderes als ein besonders gutes Gedächtnis ist, ein besonders bewegliches. Alle guten Schriftsteller und Schriftstellerinnen verfügen zusätzlich über ein Erinnerungsvermögen, das auch das aufbewahrt, was nicht geschehen ist, aber hätte geschehen können.»[196]

Werke: Alois, Zürich 1968; Der blaue Siphon, Zürich 1992; Der Geliebte der Mutter, Zürich 2000.

Literatur: Urs Widmer, in: Text + Kritik. Zeitschrift für Literatur, Oktober 1998, Heft 140, München 1998.

EMANUEL WOLLEB 1706–1788

Im Zeitalter der Aufklärung ist auch in Basel das Gesellschaftsleben in Bewegung. Am Münsterberg führt Salome Geymüller einen literarischen →**Salon**. Zur ‹Donnerstagsgesellschaft› lädt Isaak →**Iselin**, und Gerichtspräsident Emanuel Wolleb empfängt wöchentlich gebildete Herren und führt geschlechterpolitische Debatten über die Vorteile, die den Männern im Umgang mit Frauen erwachsen. Der Kupferstecher Christian von Mechel präsentiert im ‹Erlacherhof› im St. Johannsquartier aktuelle Kunst, und Mittwochs trifft man sich im Mittagskonzert – ein gesellschaftliches Muss, nicht nur für Musikliebhaber. Zu hören sind Stücke unbedeutender Komponisten, zu bestaunen weissgepuderte Damen im steifen Reifrock und Männer, die «der Weibern Aufbutz bey nahem übertreffen.»[197] Dieses wöchentliche Ereignis veranlasst einen unbekannten Verfasser zu einer spitzen Satire, die unter dem Titel *Die Reise nach dem Concerte* 1755 erscheint. Verspottet wird das eitle Publikum, das sich keinen Deut um die Musik schert. «Es ist wahr, nicht der sechste Theil kommt der Musik zu Gefallen. Die Weibsbilder erscheinen, sich sehen zu lassen; die Mannsbilder, sie zu sehen»,[198] stellt der Romanheld, ein Pfaffe aus dem Oberland, lakonisch fest. Die Absicht des Autors ist offensichtlich: Er will Kritik üben an der dem Putz und der Vergnügungssucht verfallenen Gesellschaft und ihrer verkommenen Moral. Was die Lesenden, vermutlich alles Konzertbesuchende, nicht ahnen: Der anonyme Schreiber ist der liberale Gerichtspräsident Wolleb, selbst regelmässiger Besucher der Mittagskonzerte.

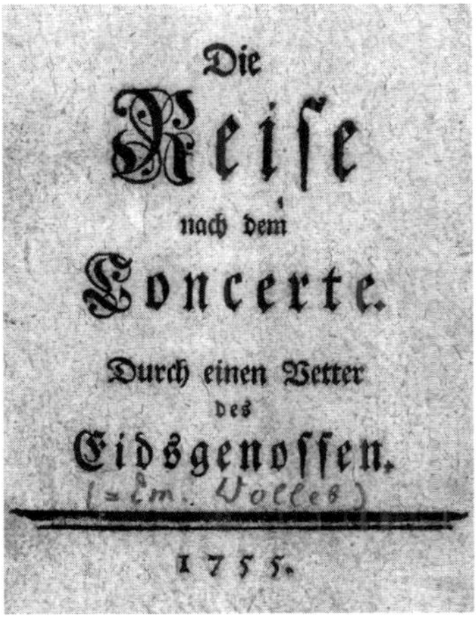

Wolleb ist ein kritischer und aufgeklärter Zeitgenosse. Bereits mit zwanzig Jahren verlässt er Basel nach einem abgebrochenen Theologiestudium. In Leipzig besucht er Gottscheds sprachphilosophische Vorlesungen, in Halle studiert er Jurisprudenz, als Hofmeister und Reisebegleiter eines jungen Barons verdient er sein Geld. 1736 lässt er sich als promovierter Jurist in Basel nieder und wird vier Jahre später zum Schultheiss gewählt. Mit seiner Familie wohnt er im Haus ‹zur Höll› am Rheinsprung. Nach dem frühen Tod seiner Frau und zweier seiner Kinder wird aus literarischem Interesse literarisches Engagement. Zusammen mit seinem Freund Isaak Iselin gibt er die moralische Wochenzeitschrift *Helvetischer Patriot* heraus. Auch Professor Johann Jakob Spreng, Gelegenheitsdichter, Pfarrer und Herausgeber von Carl Friedrich →**Drollingers** Gedichtsammlung, will mit seinen Zeitschriften *Eidsgenoss* und *Sintemal* die Bevölkerung zum Lesen animieren. Beide Periodika gehen schnell wieder ein; Wollebs *Patriot* überlebt immerhin zwei Jahre. Neben politischen und juristischen Beiträgen (Wolleb hinterfragt als einer der ersten Juristen die Todesstrafe) finden sich Anweisungen zur Kindererziehung sowie Belletristisches und Dramatisches. Der belesene Herausgeber verfasst selbst auch Theaterstücke – vorwiegend in Mundart. Die *Burger-Vermehrung* aus dem Jahre 1758 begründet seinen Ruf, als Erster den Dialekt als künstlerisches Ausdrucksmittel verwendet zu haben. Das Vier-Szenen-Drama beleuchtet zudem ein brisantes Stück Stadtgeschichte. Es thematisiert die damaligen Streitigkeiten um die Aufnahme neuer Bürger. Nach sechsundvierzig Jahren zieht sich Wolleb von seinem Regierungsamt zurück, bereits zwei Jahre später stirbt er – genau am 31. Dezember.

Literatur: Staehelin, Martin: Der Basler Schultheiss Emanuel Wolleb und seine satirische Schrift, Basel 1999 (mit einer Einführung in Leben und Werk und einem Nachdruck des Originals von 1755: *Die Reise nach dem Concerte. Durch einen Vetter des Eidsgenossen*).

CHRISTIAN WURSTISEN 1544–1588

Der erste Basler Chronist ist kein folgsamer Schüler. Aber früh beginnt er, denkwürdige Ereignisse seines Lebens festzuhalten. Mit dreizehn Jahren schreibt er in sein Tagebuch: «Bin von Platter gezüchtigt worden, bin um die zehnte Stunde aus der Schule gelaufen, ich wollte heimgehen ohne Erlaubnis.»[199]

Bereits ein Jahr später immatrikuliert sich Christian Wurstisen, der Ungehorsame, und wird mit einundzwanzig Jahren Prediger in Grosshünigen. Daneben studiert er Mathematik und Astrologie und beschäftigt sich mit den brennenden Fragen seiner Zeit: Kreist die Erde um die Sonne oder bewegt sie sich doch nicht? Wurstisen schlägt sich auf die Seite von Kopernikus.

Nicht für seine fortschrittliche Sicht auf die Welt, sondern für seinen Blick zurück ehrt ihn jedoch seine Vaterstadt. Denn 1580 veröffentlicht der Gelehrte, unterdessen Professor für Theologie und Mathematik und wohnhaft am Münsterberg, die Basler Chronik. Der mehrzeilige Titel verrät, was diese enthält: *Baszler Chronick/Darinn alles/was sich in Oberen Teutschen Landen/nicht nur in der Statt und Bistumbe Basel/von ihrem Ursprung her/nach Ordnung der Zeiten/in Kirchen und Welt händlen/bißs in das gegenwirtige M.D.LXXX Jar/gedenckwirdiges zugetragen: Sonder auch der Eydtgnoschafft/Burgund Elsaß und Breisgow/als beyliegender Landschafften/mit eingemischte Historische Sachen/wahrhaftig beschrieben: sampt viler Herrschaften und Geschlechtern Wappen und Stammbäumen. Neuwlich aus unzahlbarlicher menge Scribenten/Briefn/Büchern/Schriften und Verzeichnussen/mit fleiß und mühseliger Arbeit/weit her zusamen getragen.* 1577 bereits hat Wurstisen auf lateinisch eine Art Basler Heimatkunde verfasst, die erst 1757 übersetzt unter dem Titel *Kurzer Begriff der Geschichte von Basel* erschienen ist.

Wurstisen muss in der Tat nicht nur ein leidenschaftlicher Besucher von Sakristeien, Gewölben, Kanzleien und Bibliotheken gewesen sein, historisches Material gesammelt hat er auch auf vielen Wanderungen – bis an den Genfersee ist er gereist. Neben Heimatkundlichem und Kirchengeschichtlichem schildert er die diversen Aufstände und Kriege im In- und Ausland, schreibt über aussergewöhnliche Himmelserscheinungen und hält als lokaler Berichterstatter auch aktuelle Themen fest, wie etwa die Diskussion über das Basler Frauenhaus auf der Lyss, das eigentlich ein Freudenhaus ist: Schliessen – oder nicht, lautet die Frage. Der gemeine Mann, erinnert sich der Chronist, plädierte für eine Fortführung der Einrichtung, doch schliesslich habe Gott selbst eingegriffen: Die ‹Metzewirtin› wurde erstochen, und das zweite Haus dieser Art durch eine Feuersbrunst zerstört. Auch als Historiker bleibt Wurstisen Theologe. In seinem Vorwort legt er sein Geschichtsverständnis dar: Historische Fakten sollen zwar Licht ins Dunkel der Vorzeit bringen; mehr noch als dies seien sie aber lebendiger Beweis von Gottes steter Wirksamkeit. Lange bleibt Wurtisens Chronik konkurrenzlos. Erst Peter →**Ochs** wird zweihundert Jahre später der nächste sein, der Basler Geschichte aufschreibt.

Werke: Die *Baszler Chronik*, 1580 bei Henricpetri gedruckt, ist im ‹Raritätenschrank› des Historischen Museums zu bewundern. Eine Neuausgabe kam zwischen 1765 und 1779 beim Basler Drucker Emanuel Thurneysen heraus.

SCHAUPLÄTZE

HUNDERT SEKRETÄRE UND KEIN PAPIER

Als Basel 1431 zur Konzilstadt ausgerufen wird, wittert der schlaue Unternehmer Heinrich Halbysen gute Verdienstmöglichkeiten. Wo viel geredet wird, wird auch viel geschrieben, denkt sich der Zunftmeister zu Safran, der im internationalen Woll- und Edelmetallgeschäft tätig ist. In der Tat: Die Kirchenväter bringen streitbare Ideen und hundert Sekretäre mit, aber kein Papier. Als die Köpfe rauchen und die Protokollanten eifrig mitschreiben, hat Halbysen in seiner Stadt alles gefunden, was er zur Papierherstellung braucht: Leinenlumpen*, Wasser und eine Flachstampfe, die er zum Mühlerad umfunktioniert. 1433 geht vor dem Riehener Kleinbaslertor Basels erste Papiermühle in Betrieb.

1448 kauft Halbysen innerhalb der schützenden Stadtmauern im St. Alban-Tal die Rychmühle (heute St. Alban-Tal 41) und später die Zunzigermühle (heute St. Alban-Tal 39) hinzu. Nach seinem Tod 1451 führt sein Sohn das Geschäft zwanzig Jahre lang weiter. Konkurrenz bekommt dieser alsbald von den Gebrüdern Gallician, die aus dem Papiermacherzentrum Turin an den Rhein kommen und sich am St. Alban-Rheinweg 74 niederlassen. Ihre Produktionsstätte ist heute das ‹Schweizerische Papiermuseum›; dort ist auch die Gallicianmühle noch zu bestaunen. Mit den Italienern erlebt die Basler Papierherstellung ihre Blütezeit: Im ‹Dalbeloch› produzieren acht Manufakturen den kostbaren Stoff, der nach Mittel-, West- und Osteuropa ausgeführt wird. In Basel gehört die expandierende Buchdruckerei zu den zuverlässigen Abnehmern (→**Zum Sessel**). Nach dem Verschwinden des Gallician-Clans zu Beginn des 16. Jahrhunderts wird das Papiergeschäft zunehmend von Basler Familien übernommen. Gegen Ende des

17. Jahrhunderts verliert die Stadt ihre führende Position in der Papierbranche. Mit der im 19. Jahrhundert in England entwickelten ‹Donkin-Maschine› lässt sich später Papier maschinell herstellen, die traditionelle Handschöpferei hat damit ausgedient. Im St. Alban-Tal produzieren nur noch die Fabrikanten Thurneysen und Oser Papier; Ersterer installiert 1849 in der Zunzigermühle eine kleine Dampfmaschine, wenig später lässt er seine alte Mühlenanlage niederreissen und durch einen Fabrikbau ersetzen – und markiert damit den Beginn der hiesigen industriellen Papierherstellung.

Heute kann man im Papiermuseum nicht nur alte Mühlräder besichtigen, sondern auch selbst Papier herstellen – echtes Büttenpapier, mit dem Baslerstab als Wasserzeichen.

Literatur: Kälin, Hans: Basler Papiergewerbe in der Reformation, Neuallschwil 1972; Ders.: Papier in Basel bis 1500, Basel 1974; Tschudin, Peter F.: Schweizer Papiergeschichte, Basel 1991. - Einen ausführlichen und gut dokumentierten Spaziergang durch das St. Alban-Tal bietet Esther Baur Sarasin in der Broschüre: St. Alban-Tal in Basel, Bern 1992.

Hinweis: Schweizerisches Papiermuseum & Museum für Schrift und Druck, St. Alban-Tal 37. Tel. 061 272 96 52. Öffnungszeiten: Dienstag – Sonntag, jeweils 14 – 17 Uhr.

* Die Lumpen, bis ins 19. Jahrhundert der einzige Rohstoff zur Papierherstellung, wurden mit der steigenden Produktion zur Mangelware. Zuweilen schnappten sich die Papierer gegenseitig die eintreffenden Lumpenlieferungen weg. Für einen regen Lumpenverkehr sorgte die Stadt, indem sie den Lieferanten Pässe ausstellte, die ihnen Privilegien wie niedere Zollgebühren und ungehinderten Zutritt in die Stadt einräumten.

EIN HAUS FÜR ZWEI ERASMUS-BÜCHER

Am Anfang ihrer lebenslangen Freundschaft steht ein Vergehen. Ohne Einwilligung des Autors* druckt der geschäftstüchtige Verleger dessen erfolgreiche *Adagia* nach. Erzürnt über so viel Unverfrorenheit und gleichwohl beeindruckt von der fachlichen Qualität des Raubdrucks, reist der Dichter – kein geringerer als →**Erasmus von Rotterdam** – 1515 nach Basel. Im lauschigen Hinterhof des Hauses ‹zum Sessel› wird er von Johannes Froben aufs freundlichste empfangen. Erasmus' Ärger ist nur von kurzer Dauer. Er bewundert Frobens moderne Einrichtung, die sorgfältige Ausstattung seiner Bücher, die er von Urs Graf und den Holbeins illustrieren lässt, sowie das ausgewählte Verlagsprogramm: Lateinische und griechische Schriften bedeutender Kirchenväter sowie Erfolg versprechende Erstausgaben zeitgenössischer Gelehrter. Bald wird auch Erasmus zu Frobens Autoren gehören – etwa 230 seiner rund eintausendzweihundert zu Lebzeiten veröffentlichten Schriften erscheinen bei ihm.

Froben, um 1460 im Fränkischen geboren, kommt 1490 von Nürnberg nach Basel, wo er bei Johannes Amerbach und dessen Kompagnon Johannes Petri ein Praktikum absolviert. Amerbach ist damals der bedeutendste Drucker am Oberrhein, die frühhumanistische Gelehrtenwelt geht bei ihm ein und aus: Johannes Heynlin, Johannes Reuchlin, Sebastian →**Brant** (dessen *Narrenschiff* jedoch bei Johann Bergmann von Olpe erscheint) und Beatus Rhenanus zählen zu seinen Mitarbeitern. 1507 erwirbt Froben das Haus ‹zum Sessel›, und als 1512 Petri und ein Jahr später Amerbach sterben, führt er den Betrieb allein weiter.

Unterdessen zählt Basel rund siebzig Drucker. Der Handel mit dem Wort floriert, ein hartes Geschäft ist es dennoch. Die Lesergemeinde ist klein, die Druckerzeugnisse sind teuer: Ein einzelnes Buchexemplar kostet zwischen zwei und fünf, ein Haus am Münsterberg zwischen acht und zwölf Gulden. Mit Frobens Offizin wird die Humanistenstadt europaweit zum führenden Verlags- und Druckort. Gründe dafür sind die günstige Lage am Rhein, die eigene Papierindustrie (**→St. Alban-Tal**) und die Universität, die zahlreiche Dozenten und Studenten nach Basel lockt. Zudem geniessen Drucker und Verleger gewisse Privilegien: Kein Zunftzwang, Zollermässigung auf ihre Ware sowie Befreiung von Wacht- und Kriegsdienstpflichten.

Zwischen 1510 und 1520 wächst eine neue Druckergeneration heran, deren wichtigste Vertreter Frobens Sohn Hieronymus (Johannes Froben stirbt 1527), Adam Petri (Johannes Petris Neffe), Pamphilus **→Gengenbach** und Cratander (Andreas Hartmann) sind. Petri wird zu Luthers wichtigstem Verleger, bei Cratander erscheinen Johannes **→Oekolampads** Schriften. Thomas **→Platter** und Johannes Oporinus geben Calvins *Catechismus* heraus, später wird Oporinus die Ketzerschrift Sebastian **→Castellios** verantworten. Im Zuge der Reformation verliert der Basler Buchdruck jedoch seine führende Stellung.

Ab 1819 beherbergt das Haus ‹zum Sessel› Basels erste höhere Töchterschule (**→Weisses Haus**), heute gehört das Haus der Universität. Keine Tafel weist auf die geschichtsträchtige Stätte hin, ein Brunnen plätschert einsam, und nur schwach dringt der Lärm der alten Humanistenstadt in die Hinterhofidylle.

Literatur: Hernandez, Antonio: Johannes Froben und der Basler Buchdruck des 16. Jahrhunderts. Ausstellungskatalog, Basel 1960; Hieronymus, Frank: Kurzer Wandel durch die ersten hundert Jahre des Basler Buchdrucks, in: Wandelhalle der Bücherfreunde. Nachrichtenblatt der Gesellschaft der Bibliophilen, NF, 21. Jg., Heft 4, Koblenz 1979; Tschudin, Peter F.: Erasmus und der Buchdruck, in: Erasmus von Rotterdam. Vorkämpfer für Frieden und Toleranz. Ausstellung zum 450. Todestag. Katalog, hg. v. Hist. Museum Basel, Basel 1986. (Eine ausführliche Darstellung über die Geschichte des Basler Buchdrucks liegt bis heute nicht vor.)

Hinweis: Das Haus ‹zum Sessel› befindet sich am Totengässlein 3, in der Nähe des Marktplatzes.

* Für geistiges Eigentum gab es im Mittelalter keinen reglementierten Schutz vor dem wuchernden reprografischen ‹Kopierwesen›. Gedrucktes wurde sogleich zum Allgemeingut. Erasmus klagt denn auch in seiner *Adagia*: «Durch Gesetze ist dafür gesorgt, dass niemand als Schuster oder Schreiner arbeitet, wenn er nicht von der zuständigen Handwerksgilde anerkannt ist. Aber die grossen Autoren, vor deren Werken man heilige Ehrfurcht haben müsste, werden von Leuten ediert, die so ungebildet sind, dass sie kaum lesen können, so faul, dass sie nicht einmal die Druckabzüge durchsehen.» (Zit. nach: Erasmus von Rotterdam. Vorkämpfer für Frieden und Toleranz. Ausstellung zum 450. Todestag, Katalog, hg. v. Hist. Museum Basel, Basel 1986, S. 42.)

BENUTZUNG OHNE GELÜBDE

Sein bevorzugter Arbeitsplatz ist die Universitätsbibliothek. Hier sitzt Hermann →**Hesse** fast täglich und schreibt an seinem *Steppenwolf*. Das Haus hinter dem Petersplatz ist für ihn Denk- und Leseort, einen Schlüssel dazu braucht er nicht.

Das war nicht immer so: Als die akademische Bücherei ihre ersten Besucher empfängt, müssen diese unter Eid versprechen, einen ordentlichen Umgang mit den wertvollen Schriften zu pflegen. Daraufhin wird ihnen ein Schlüssel ausgehändigt, der ihnen den Zutritt in die Räume ermöglicht. Nachhause mitnehmen darf man die Werke allerdings nicht. Dieses ‹Schlüsselgelübde›, welches sich im Anhang der Universitätsstatuten von 1477 findet, ist der erste amtliche Hinweis auf die Existenz der Basler Bücherei. Ob diese zeitgleich mit der Hochschule eingerichtet wird, ist ungewiss. Fest steht hingegen: Die Basler Universitätsbibliothek, die älteste der Schweiz mit weltlichem Ursprung, führt damals ein bescheidenes Dasein; vermutlich in einem Winkel des alten Kollegiengebäudes sind die paar Bücher untergebracht, ein Katalog ist nicht nötig.

Weit grössere Bedeutung haben die Klosterbibliotheken, insbesondere jene der Kleinbasler Kartause. Dort findet sich die gesamte Gelehrsamkeit des Mittelalters, inklusive der Streitschriften der Reformatoren. Anders als die Universitätsväter stellen die Geistlichen ihre Bestände Professoren und Studenten frei und unbürokratisch zur Verfügung. Nach der Reformation, als die Klöster an Bedeutung verlieren, gehen ihre Bestände nach und nach in die Bibliothek der Universität über; übernommen wird auch die Tradition der Buchgeschenke. Anstelle der Klosterbrüder erhält nun die Bibliothek jeweils ein Freiexemplar eines neuen Drucks. Bereits 1534 beginnt die erste Inventarisierung, 1559 erstellt Heinrich →**Pantaleon** den ersten Sachkatalog und sortiert die Bücher in ‹bibliotheca antiqua› und ‹bibliotheca nova›; 1585 wird der Sachkatalog von Christian

→**Wurstisen** alphabetisiert. 1661 erwirbt die Regierung das ‹Amerbach Kabinett›* und gliedert es der Bibliothek an. Die bereits stattliche Bücherei zieht zusammen mit dem Kabinett ins Haus ‹zur Mücke› am Schlüsselberg.

Mit dem gegen Ende des 18. Jahrhunderts eintretenden Bedeutungsverlust der Universität (→**Jung**) schwindet auch das Interesse an den Büchern und erlebt erst durch die Universitätsreform einen neuen Aufschwung. Sie regelt die Verwaltungs- und Benutzerordnung neu, die offizielle Bezeichnung ist nun ‹Öffentliche Bibliothek›.** 1849 zieht sie in das Museumsgebäude an der Augustinergasse, das ‹Amerbach Kabinett› erhält dort eigene Räumlichkeiten. 1866 wird der erste vollamtliche Bibliothekar eingestellt, dreissig Jahre später bezieht die Institution ihr eigenes Gebäude an der Bernoullistrasse; zwischen 1962 und 1968 entsteht das heutige Bibliotheksgebäude.

Die Universitätsbibliothek, die zugleich auch Kantonsbibliothek ist, besitzt heute über drei Millionen Bücher und Zeitschriften, etwa 40 000 Titel kommen jährlich hinzu – bildlich gesprochen sind das über tausend Meter Buch – und rund 250 000 Ausleihen werden pro Jahr verzeichnet. Im Freihandmagazin, seit 1995 öffentlich zugänglich, finden sich die jüngeren Publikationen (ab 1970). Die alten Kostbarkeiten bewahrt die Handschriftenabteilung: Bücher aus dem Mittelalter, Briefsammlungen des 16., 17. und 18. Jahrhunderts, Faksimile-Editionen und Inkunabeln sowie die Nachlässe bekannter und noch zu entdeckender Persönlichkeiten aus dem Basler Kultur-und Wissenschaftsleben. Hesses Nachlass ist hier zwar nicht zu finden, dafür beispielsweise derjenige von Adolf Roos, 1888–1974, Zahnarzt.

Literatur: Heusler, Andreas: Geschichte der öffentlichen Bibliothek der Universität Basel, Basel 1896; Schwarber, Karl: Die Entwicklung der Universitätsbibliothek zu Basel, Sonderdruck aus ‹Basler Studentenschaft›, Jg. 25, Heft 5, Basel 1944; Senser, Christine: Öffentliche Bibliothek der Universität Basel, in: Dies.: Die Bibliotheken der Schweiz, Wiesbaden 1991.

Hinweis: Öffentliche Bibliothek Universität Basel, Schönbeinstrasse 18–20. Tel. 061 267 31 11. Homepage: http://www.ub.unibas.ch

* Basilius Amerbach, Enkel von Johannes und Sohn von Bonifacius, übernimmt die reiche Sammlung von Kunstgegenständen seiner Familie und baut sie in eigener jahrzehntelanger Sammlertätigkeit zum ‹Amerbach Kabinett› aus. 1578 richtet er in seinem Haus ‹zum Kayserstuhl› an der Rheingasse einen Saal ein, in dem er die katalogisierte (!) Sammlung unterbringt. Das Kabinett umfasst Kunstobjekte, fünftausend Bücher und die ‹Amerbachsche Korrespondenz›, die heute ediert in acht Bänden vorliegt. Das Kabinett ist damals eine der grössten Sehenswürdigkeiten der Stadt. Nach Amerbachs Tod werden die Kostbarkeiten von dessen Neffen Ludwig Iselin übernommen. 1661 erwirbt die Stadt die Sammlung und bringt sie in den Räumlichkeiten der Universitätsbibliothek unter.

** Mit dieser Bezeichnung soll bekundet werden, dass die Bibliothek nicht ausschliesslich für Universitätsangehörige, sondern für alle Interessierten zugänglich ist.

ELFTAUSENDJUNGFERN-GÄSSLEIN

MÄRTYRERINNENTOD

Kurz bevor der Glarner Humanist Heinrich Loriti (→**Glareanus**) nach Basel kommt, hört er die Geschichte von der heiligen Ursula und ihrer treuen Gefolgschaft. Im Auftrag von Huldrych Zwingli folgt er ihren Spuren. Der Legende nach begibt sich die britische Königstochter im 5. Jahrhundert zusammen mit elftausend bekehrten Jungfrauen auf den Weg in die Heilige Stadt Rom. In kleinen Schiffen fuhren sie nach Basel, wandelten hier von der Schifflände den Rheinsprung hinauf und bogen dann rechts ab in die namenlose Gasse, die über steile Stufen zur Martinskirche führt. Leise ihre Gebete murmelnd, stiegen die ehrbaren Frauen zur Kirche empor. Alsbald verliessen sie Basel wieder. Auf ihrer Rückreise aus Rom wurde Ursula mit ihrer folgsamen Schar bei Köln von wilden Hunnen überfallen – und alle elftausend starben den Märtyrerinnentod.

Noch im 14. Jahrhundert versprach der Bischof von Basel jedem, der für den Weg zur Martinskirche die enge Treppe wählte, einen vierzehntägigen Ablass.

Der Chronist Christian →**Wurstisen** weiss in seiner Chronik *Kurzer Begriff der Geschichte von Basel* indes noch mehr zu erzählen: Eine der Jungfrauen, Christiana, habe in Basel das Leben mit dem Tode verwechselt. Als man sie habe begraben wollen, habe sich die Tote nicht bewegen lassen. Zwei jungen Kühen sei es schliesslich gelungen, den Sarg zur letzten Ruhestätte auf den stadtnahen Hügel zu schleppen. Auf dem Weg dorthin seien Felsen und sogar die grössten Eichbäume zur Seite gewichen, nichts habe die Überreste dieser heiligen Jungfer mehr aufhalten können. Die Kirche von St. Chrischona soll angeblich über ihrem Grab errichtet worden sein.

An den Besuch der ehrenwerten Damengesellschaft erinnert heute das Elftausendjungfern-Gässlein. Die Gasse erhielt als letzte in der Altstadt ihre offizielle Bezeichnung. Wer heute den Namen sucht, muss indes weit nach oben blicken: Das attraktive Strassenschild wurde immer wieder entwendet. Dies führte schliesslich dazu, dass die Tafel nun selbst für fromme Gemüter in unerreichbarer Höhe hängt.

Literatur: Lendorff, Gertrud: Heilige und Fürstinnen, in: Kleine Geschichte der Baslerin, Basel 1966; Die Legende der Heiligen Ursula, nacherzählt von Hans Müller, Basel 1980.

Hinweis: Der katholische Frauenverein unterhält am Rheinsprung 12 ein Café. In der ‹Elfdausigjumpferestube› erhält man zu Tee und selbst gebackenen Torten auf Wunsch auch Auskunft über die Heilige Ursula.

SALON GEYMÜLLER

GESCHLECHTERDISKURS AM MÜNSTERBERG

Ihre Apfeltorte ist stadtbekannt. Salome Geymüller serviert sie ihren Gästen jeweils zum Tee. Um das Jahr 1749 treffen sich bei der dreissigjährigen Kaufmannstochter im ‹Lichtenfelserhof› am Münsterberg regelmässig bildungshungrige Damen aus der Oberschicht sowie angehende Akademiker zu Kuchen und Konversation. Auch in Basel wird im Zeitalter der Aufklärung der Salon als Ort gemischt geschlechtlicher Geselligkeit erprobt. Bislang sind solche halbprivaten Zirkel Männern vorbehalten gewesen, für die wissenschaftlichen Gesellschaften ändert sich dies auch in der zweiten Hälfte des Jahrhunderts nicht wesentlich. So lässt etwa die 1787 gegründete **→Allgemeine Lesegesellschaft** bis 1901 ausschliesslich männliche Mitglieder zu. In den Salons hingegen ist die Geschlechtertrennung aufgehoben. Bei Salome Geymüller pflegen Mann und Frau einen freundschaftlichen Umgang miteinander. Gemeinsam wird Klopstock gelesen und über die neuesten Bücher debattiert, Metaphysisches ergründet und der Geschlechterdiskurs erprobt. Isaak **→Iselin**, ein häufiger Besucher dieser geselligen Runden, schätzt nicht nur die geistreichen Gespräche mit der klugen Salonnière über Leibniz' Monadenlehre, er geniesst ebenso die übrige «Gesellschaft der weiblichen witzigen Köpfe.»[200] In einem Brief an seinen Freund Johann Rudolf Frey schreibt er: «Ich stehe in guter Hofnung, disen Sommer noch ein halbes Duzzend Bräute zu kriegen.»[201]*

Anders jedoch als etwa der Salon der Berner Femme de lettres Julie Bondeli wird der Münsterberg nicht zu einem internationalen Treffpunkt aufgeklärter Intellektueller. Bereits 1750 löst sich die Gesellschaft «unter gegenseitiger Eifersucht»[202] wieder auf. Erst in den späten Siebzigerjahren desselben Jahrhunderts wird das literarische Basler Salonleben neu belebt, als der Seidenbandfabrikant Jakob Sarasin in seinem **→Weissen Haus** Dichter und Denker aus aller Welt empfängt.

Hinweis: Der ‹Lichtenfelserhof› existiert heute nicht mehr. Er stand am Münsterberg, der sich von der Freien Strasse hinauf zum Münster erstreckt.

* Er begnügt sich dann mit Veronika, der Tochter einer armen Professorenwitwe, was allerdings die entschieden falsche Wahl ist für den Sohn aus reichem Hause. Iselin muss sich dem Veto seiner Familie fügen, löst die Verlobung auf und reist nach Paris.

EINE WEIBLICHE BILDUNGSREISE VOM RHEINSPRUNG ZUM TOTENGÄSSLEIN

Der Seidenbandfabrikant Jakob Sarasin hat einen Hang zum Poetischen. Mit Lavater liest er Goethes *Iphigenie*, gemeinsam schreiben sie eine Satire über den Geniekult ihrer Zeit. Vor allem aber ist Sarasin ein Freund der Dichter und die bedeutendste Figur der Basler Literaturszene im letzten Drittel des 18. Jahrhunderts. Am Rheinsprung 18, im ‹Weissen Haus›, empfängt er schreibende Grössen seiner Zeit: Sophie von La Roche, Goethes Schwager Johann Georg Schlosser, Maximilian Klinger, Johann Caspar Lavater, Heinrich Pestalozzi und auch den Wunderarzt Graf Alessandro Cagliostro. Gleich nebenan, im ‹Blauen Haus›, residiert sein Bruder Lukas, Musikliebhaber und Gastgeber rauschender Ballfeste. Im Auftrag der beiden ‹Bändelherren› hat Samuel Werenfels, ein damaliger Stararchitekt, die beiden spätbarocken Stadtpalais errichtet.

1777 kommt der Stürmer und Dränger Jakob Michael Reinhold **→Lenz** nach Basel. Jakob Sarasin, der Literaturmäzen, offeriert ihm Kost und Logis. Sie erörtern Poetologisches wie auch Utopisches. Lenz schwärmt von einer künftigen ‹Frauenzimmerschule›, Sarasin räsonniert darüber, was gegen die vernachlässigte Bildung der Weiber zu tun sei.* Nach fünf Tagen reist Lenz ab. Im gleichen Jahr noch wird die ‹Gesellschaft zur Aufmunterung und Beförderung des Guten und Gemeinnützigen› (GGG) initiiert. Mitbegründer Sarasin thematisiert alsbald die Töchterschule. Die GGG-Gründer begrüssen die Idee, bezweifeln bei den «jetzigen Umständen und Sitten»[203] jedoch deren finanzielle Realisierbarkeit. Eine solche Einrichtung «würde auch die Kräfte der Gesellschaft [der GGG] übersteigen, und wenn man die Wohlthätigkeit des Publikums anrufen wollte, so könnte das übel aufgenommen werden.»[204] 1780 dann spendet Peter **→Ochs** 25 Louisdor als Jahreslohn für die erste Lehrerin. Der Versuch scheitert nach zwei Jahren kläglich an den «Standesschranken» (Elisabeth Flueler). Da die Schule gemäss dem

gemeinnützigen Gedanken der Stifter auch unterbemittelten Mädchen offen steht, bevorzugen die begüterten Eltern weiterhin den Privatunterricht. Nach dreissig Jahren wagt die GGG einen weiteren Versuch: Ochs unterbreitet der Regierung einen Lehrplan für eine Frauenschule und bittet um jährliche Subvention. 1814 anerkennt die Regierung die ‹Obrigkeitliche Töchterschule› als öffentliche Institution und sichert, wenn auch ungern, finanzielle Unterstützung zu. Unterrichtet werden die jungen Damen in Religion, Deutsch, Geografie und Geschichte, im Handarbeitsunterricht wird französisch gesprochen. 1819 bekommen die Frauenzimmer ihr eigenes Schulhaus am Totengässlein. Im Haus →**‹zum Sessel›**, wo einst Froben seine ersten Bücher druckte, bleiben sie bis 1884. Die Verwirklichung ‹seiner› Töchterschule erlebt Sarasin nicht mehr, er stirbt 1802.

1920 geht das ‹Weisse Haus›, 1941 dann das ‹Blaue Haus› in staatlichen Besitz über.

Literatur: Flueler, Elisabeth: Die Geschichte der Mädchenbildung in der Stadt Basel, 162. Neujahrsblatt der GGG, Basel 1984.

Hinweis: Das ‹Weisse Haus› (Wendelstörferhof) am Rheinsprung 18 und das ‹Blaue Haus› (Reichensteinerhof) am Rheinsprung 16 beherbergen heute die Vormundschaftsbehörde und das Justizdepartement des Kantons Basel-Stadt.

* Bis dahin existierten nur die ‹Mägdleinschule zu Barfüssern› für sechs- bis zehnjährige Mädchen, wo diese in Lesen, Schreiben und Religion unterrichtet werden. Die Töchter aus gutem Hause verkehren allerdings kaum in diesen Gebäuden; sie geniessen vorwiegend Privatunterricht. 1770 entwirft Isaak →**Iselin** einen Plan für eine höhere Töchterschule. Dazu schreibt er: «So wichtig die Erziehung des männlichen Geschlechts für den Staat ist, so sehr ist es auch dieselbe des weiblichen. Und in diesen Stücken sind die öffentlichen Anstalten noch mangelbarer. ... Indessen ist es dennoch unzweifelbar, dass die Erziehung, die Sitten, die Denkungsart, die Glückseligkeit der Männer fast gänzlich von dem weiblichen Geschlecht abhängt.» (Zit. nach: Isaak Iselin: Frauenzimmerschulen als öffentliches Anliegen, in: van Dülmen, Andrea: Frauenleben im 18. Jahrhundert, München 1992, S. 190.)

VERGESSENER ORT, ANGEHALTENE ZEIT

Die ausgetretene Holztreppe knarrt bei jedem Tritt. Im ersten Stock des neugotischen Baus befinden sich die Lesesäle. In den hohen, hellen Räumen herrscht andächtige Ruhe. Nur aus Nostalgie hängt noch die alte Tafel mit der Bitte an der Wand: «In den Lesesälen nicht laut zu sprechen» und «Für Unterhaltungen das Schreib- und Sprechzimmer aufzusuchen».

Ein vergessener Ort, angehaltene Zeit: Dunkel gebeizte Bücherregale stehen in der einen Ecke, kleine und grössere Holztische (Letztere sind für Schreibende reserviert) sowie lederne Lesesessel gehören zum schlichten Inventar. In den grossen Wandspiegeln bricht sich das nachmittägliche Licht, eine Uhr tickt, hin und wieder ertönen die Glocken des nahen Münsterturms. Vom Fenster aus sieht man weit unten den Rhein, in der Ferne brilliert Helvetiens derzeit höchstes Hochhaus – und erinnert daran, dass die Tage doch vergehen.

In den Siebzigerjahren des aufgeklärten 18. Jahrhunderts, als die Zeitschrift zum beliebten Bildungsmedium avancierte, träumte Isaak **→Iselin** schon von einem Kaffeehaus, wo die besten Journale dem lesehungrigen Publikum frei zur Verfügung stünden. Fast zwanzig Jahre vergingen, bis sich ein akademischer Männerbund an seine Idee erinnerte. Stadtschreiber Peter **→Ochs** gehörte dazu, aber auch Pfarrer Johann Friedrich Miville, Bürgermeister Johann Heinrich Wieland, der Mediziner Daniel Bernoulli, der Anatomieprofessor Wernhard de Lachenal und der Apothekermeister Wernhard **→Huber**. Gemeinsam gründeten sie 1787 die ‹Allgemeine Lesegesellschaft› mit dem Ziel, die Bürger ihrer Stadt zum Lesen zu verführen. Im ‹Reinacherhof› am Münsterplatz 18 richteten sie den ersten öffentlichen Leseraum ein. Eine Kommission war zuständig für die Anschaffung der «interessantesten Journale, Zeitungen und anderer Neuigkeiten.» Dazu zählten Diderots *Enzyklopädie*, Reisebeschreibungen, Schriften über fremde

Länder und Völker, wissenschaftliche Werke sowie die Schöne Literatur. Vorerst blieb die Einrichtung ein Ort für Männer, ab 1829 wurde auch Frauen die Benutzung der Bibliothek erlaubt. Damit einher ging die Einführung geschlechtergetrennter Besuchstage – was den verantwortungsbewussten Bibliothekaren ermöglichte, die für Damenblicke ungeeigneten Anatomiebücher vorübergehend im Giftschrank verschwinden zu lassen.*

1832 bezog die ‹Allgemeine Lesegesellschaft› die Räume der neu renovierten Liegenschaft am Münsterplatz 8, wo sie sich noch heute befindet. Neben den aufgelegten in- und ausländischen Journalen und Magazinen, hat sich die Bibliothek vor allem auf Literatur in deutscher, französischer und englischer Sprache, Historisches, Zeitgeschichtliches und Basiliensia spezialisiert. Zudem besitzt sie einen umfangreichen Bestand alter Bücher. In der Ausleihe und im Lesesaal liegen zwei Wunschbücher auf. Der erste Eintrag datiert vom April 1959: Die Besucherin rät zur Anschaffung von Iris →**von Rotens** *Frauen im Laufgitter* – was denn auch getan wurde. Finanziert wird das Unternehmen noch heute von den unterdessen achthundert Mitgliedern sowie durch Mieteinnahmen. Und noch eine Besonderheit: Die Leseoase ist 365 Tage im Jahr geöffnet.

Hinweis: Die Lesesäle sind jeweils von neun Uhr morgens bis neun Uhr abends geöffnet (Sonntag von zehn Uhr bis neun Uhr). Wie auch die Bibliothek sind sie nur für Mitglieder zugänglich. Eine Mitgliedschaft steht allen offen. Weitere Informationen: Allgemeine Lesegesellschaft, Münsterplatz 8, Tel. 061 261 43 49. – Bei der Lesegesellschaft erhältlich ist ein Broschüre von Doris Huggel über die Geschichte der Lesegesellschaft und des Hauses am Münsterplatz.

* Seit 1901 sind Frauen auch als gleichberechtigte Mitglieder anerkannt.

STREIFLICHTER AUF LITERARISCHE NACHKOMMEN

Unbekümmert blickt Johann Peter Hebel von seinem Sockel am Peterskirchplatz in die Zukunft.* Die Gefahr, in Vergessenheit zu geraten, muss ihn nicht kümmern: Kein anderer Dichter hat hier so viele schreibende Nachkommen beeinflusst. Und kaum einer ist im Stadtbild mit Strasse, Platz, Geburtshaus und Denkmal so prominent vertreten wie er.

Mundartdichter gab es auch schon vor Hebel. Doch er hat die Mundart, in seinem Fall die alemannische, zu einer Kunst erhoben. Karl Rudolf Hagenbach, ein Hebelbewunderer und selbst Mundartpoet (Wilhelm →**Wackernagel**) schlägt 1860 zu Ehren des Dichters denn auch vor, die Neue Vorstadt, wo dieser vermeintlich zur Welt gekommen ist, in ‹Hebelstasse› umzubenennen. Fünfzig Jahre später erst wird der Irrtum geklärt. Bis dahin haben sich als frühe Hebel-Inspirierte in Basel Emma →**Kron**, Jakob Achilles →**Mähly** und der Kreis um Wilhelm →**Wackernagel** um die alemannische Mundart bemüht. Zu den jüngeren Hebel-Nachkommen zählen Dominik Müller (1871–1953), Theobald Baerwart (1872–1942), Fritz Liebrich (1879–1936), Walter Jost (1892–1977), Rudolph ‹Bolo› Maeglin (1898–1973) und Hermann Schneider (1901–1973). Liebrich, ein Hebelforscher aus Passion, dichtete nicht nur hebeltreu, sondern entdeckte auch das Versehen: Der Webersohn wurde nicht in der Vorstadt, sondern in der Nähe, am heutigen Totentanz, geboren. Nicht über diesen Irrtum, doch über den unscheinbaren Hebelplatz, in den die Strasse mündet, mokiert sich Müller in seinem Gedicht *S'Hebeldänggmol:* «Isch das am Änd my Blatz? Die/Wieschteney?/ ... Do usse blyb i nit, das isch kai Blatz/ Fir mi!» lässt er seinen Hebel sagen. Mit Müller, dem später verbrämten, weil mit dem Nationalsozialismus sympathisierenden Literaten, der mit bürgerlichem Namen Paul Schmitz hiess, zieht denn auch der Spott in die liebliche Mundartdichtung ein.

Der Zollbeamte Baerwart, leidenschaftlicher Fasnächtler, durchstreift mit seiner heiter-sinnlichen Prosa das «diefschte Glaibasel» und gilt als der herausragende Dichter des minderen Basel. Zu seinen Ehren trägt das Schulhaus am unteren Rheinweg seinen Namen. Das bislang längste Mundartepos in Baseldeutschem Dialekt hat Jost geschrieben: eine gereimte Nacherzählung des Märchens von Ali Baba und den vierzig Räubern: *der Alybaaba baaseldytsch.* Nationale Berühmtheit erlangt Rudolf ‹Bolo› Maeglin, allerdings weniger mit seinen regelmässig in der *National-Zeitung* veröffentlichten Gedichten als mit seinem Libretto, das er für Hans Haugs *Gilberte de Courgenay* verfasst. Zu den Autorinnen zählen Maria Aebersold (1908–1982), die neben schriftdeutschen Baslergeschichten auch einen Prosaband auf Mundart veröffentlicht, sowie Gertrud Lendorff (1900–1986), deren Basler Familiengeschichte Radio Basel in den Fünfzigerjahren als Mundart-Hörfolge ausstrahlt.

Unter den Pseudonymen ‹Glopfgaischt› und ‹Fridolin› hat Robert B. Christ (1904–1982) in der *National-Zeitung* – und später in der *Basler Zeitung* – annähernd zweitausend Sprachglossen publiziert. Für Tambourmajor Hans Räber (1917–2003) sind die drei schönsten Tage im Basler Kalender immer wieder Motiv in seinen Erzählungen. Auch Felix Burckhardt (1906–1992), alias ‹Blasius›, widmet dieser Basler ‹Auszeit› manchen Vers. Die Fasnacht, wie sie heute gepflegt wird, verleitet denn auch viele hiesige Dichter zur Poesie. Was Burckhardt, der Stadtpoet schlechthin, über sein dichtendes Alter Ego sagt, gilt für manchen Baseldeutsch schreibenden Stadtpoeten ebenso wie für das Schreibmotiv Fasnacht selbst: «Denkbar bist du überhaupt nur in Basel.»[205]

Unterdessen ist es still um Hebels Nachkommenschaft geworden. Doch er blickt unbewegt in die Zukunft.

Werke: Anthologien: Basilea Poetica, 3 Bde., hg. von der Basler Literaturkommission, Basel 1874/1897/1955; Suter, Rudolf: Uff baseldytsch. 100 baaseldytschi Täggscht us 200 Johr, Basel 1988 (in dieser Anthologie finden sich neben kurzen biografischen Angaben zu den Autoren auch ausführliche Bibliografien zu den jeweiligen Werken).

Literatur: Socin, Adolf: Basler Mundart und Basler Dichter, 74. Neujahrsblatt der GGG, Basel 1895; Jost, Walter: Von Geist und Form der Basler Mundartdichtung, in: Basler Jahrbuch 1949, Basel 1948; Basler Hebelstiftung (Hg.): Johann Peter Hebel, Basel 1990. – Wörterbücher: Suter, Rudolf: Baseldeutsch-Grammatik, 3. überab. Aufl., Basel 1992; Ders.: Baseldeutsch-Wörterbuch, 2. überab. u. erw. Aufl., Basel 1995; Fridolin: E Baseldytsch-Sammlig, 5. Aufl., Basel 1983.

Hinweis: Das Denkmal steht auf dem Peterskirchplatz mit Blick in Richtung Petersgraben und Petersplatz.

*Das Denkmal wurde vom Bildhauer Max Leu (1862–1899) geschaffen und 1899 feierlich eingeweiht.
**Rudolf Suter geht in seiner 1949 erschienenen Schrift *Die baseldeutsche Dichtung vor J.P. Hebel* den Anfängen der Basler Mundartdichtung nach und dokumentiert seine Untersuchung mit zahlreichen Textproben früherer Mundartwerke.

VOM BAUM DER POESIE

Im Kannenfeldpark steht ein Baum. Nicht irgendeiner, es ist ein junger Walnussbaum. An seinem schmalen Stamm befestigt ist ein Schild: «Baum der Poesie. Gepflanzt anlässlich des Tages der Poesie.»

An einem Samstag im März 1979 verteilen Lyrikerinnen und Lyriker in der ganzen Stadt Flugblätter mit ihren Texten; in den Strassen, Gassen und auf den Plätzen stehen sechzig Plakate mit Dichterworten. Fernsehen und Radio berichten über die ‹Poesie als Ereignis›. Initiant Matthyas Jenny (→**Literaturhaus Basel**), bereits bekannt als Erfinder des ‹Poesietelefons›,* will mit diesem lyrischen Event eine «Gegenmacht» gründen gegen «die überwältigende Werbeflut ... im beginnenden Zeitalter der Elektronik.» Sechsmal findet der ‹Tag der Poesie› in Basel (und parallel dazu in Sarnen, Liestal, St. Gallen, Zürich, Bern, Zug, Hamburg, Kassel) statt, ab 2000 veranstaltet die UNESCO einen jährlich gefeierten ‹Welttag der Poesie›.

Bis 1985 erscheint in Jennys Verlag ‹Nachtmaschine› die von Frank Geerk und Tadeus Pfeifer herausgegebene Zeitschrift *Poesie*. Die beiden Lyriker, selber regelmässig mit eigenen Gedichten vertreten, veröffentlichen Texte zeitgenössischer Autoren aus dem In- und Ausland. Wer sich in Basel Dichter nennt, publiziert hier: Guido →**Bachmann**, Martin Roda Becher, Rainer →**Brambach**, Jürg →**Laederach**, Werner Lutz, Elisabeth Meylan, Rudolf Peyer, Hans Werthmüller. Von letzterem stammen die zuversichtlichen Verse zum Thema ‹Lyrik in der Schweiz›: «Vanessa urticae / oder Kleiner Fuchs / heisst der Schmetterling Lyrik // Aus mancherlei Gründen // In der Schweiz / ist er nicht gefährdet // Brennesseln / die Futterpflanze seiner Brut / findet er / auch noch auf dreitausend Metern Höhe.»[206] In Wirklichkeit leben Schmetterlinge selten länger als ein Jahr, die Basler Lyrikzeitschrift schafft immerhin dreizehn Jahrgänge. Dann wird sie von einem Karlsruher Kleinverlag übernommen.

Unterdessen ist aus dem zierlichen Pflänzchen im Kannenfeldpark ein stämmiger – und unbeschildeter – Walnussbaum geworden. Und das lyrische Leben in der Stadt? Im Mai 2002 organisiert Jenny das erste ‹Internationale Lyrikfestival› – allerdings nicht im Kannenfeldpark, sondern im Nachtigallenwäldchen, wo das Musik- und Tanzlokal ‹Kuppel› steht. Sieben Lyrikerinnen und Lyriker aus Basel (Urs →**Allemann**, Wolfram Malte Fues, Jürg →**Federspiel**, Peter Gisi, Birgit →**Kempker**, Markus Stegmann und Kathy Zarnegin) begrüssen dort ihre dichtenden Kollegen aus nah und fern. Die zweite Ausgabe findet ein Jahr später im neuen Pavillon des Schützenmattparks statt – dort, wo sich Barbier Miville einst niedersetzte, um Thomsons *Jahreszeiten* (→**Grynaeus**) zu lesen. Jennys Absicht: Das Festival soll der Lyrik in Basel eine professionelle Plattform bieten.

Hinweis: Der Baum der Poesie wächst im östlichen Teil des Parks, wenn man vom Eingang Flughafenstrasse her kommt links, und trägt die Nummer 32.

* Das Baudepartement und die Stadtgärtnerei haben einen Plan des Kannenfeldparks erstellt. Darauf ist jeder (sic) Baum mit lateinischem Namen und Herkunftsland aufgeführt; der Walnussbaum heisst *Juglans regia* und kommt aus Südosteuropa/Himalaja. Der Plan ist kostenlos beim Baudepartement erhältlich. Über den Kannenfeldpark ist zudem 1997 ein Buch von Verena Eggmann und Bernd Steiner erschienen.

** Das Poesietelefon existierte von 1976 bis 1982. An Spitzentagen riefen bis zu zweihundert Personen an, um sich die täglich wechselnden Gedichte bekannter und weniger bekannter Autoren ab Band anzuhören.

LITERATURHAUS BASEL

VOM SCHÜTZENMATTPARK IN DIE BEL-ETAGE

Am 21. Juni 1997 regnet es in Basel. Dessen ungeachtet strömen die Poesieliebhaber in den Schützenmattpark. Hier, wo der junge Hermann **→Hesse** einst Schmetterlinge jagte, findet das erste ‹Internationale Literaturfestival› statt. Ein Jahr zuvor hat die neu gegründete Literaturgruppe, vertreten durch Martin R. **→Dean**, Matthyas Jenny (**→Kannenfeldpark**) und Verena **→Stössinger**, beschlossen, den darbenden Literaturbetrieb in der Stadt mit Aktivitäten rund ums Buch neu zu beleben. Das Festival in der Schützenmatte wird rege besucht, bereits ein Jahr später findet die zweite Auflage statt*. Das engagierte Team will aber noch mehr. Länger schon ist Jenny auf der Suche nach einem festen Ort fürs Wort. Vorerst fehlt zwar das nötige Kapital, auf dem Tisch liegt dafür ein konkretes Projekt für ein zukünftiges Literaturhaus. Dort solle Literatur in all ihren denkbaren Formen «zelebriert» (Jenny) werden; Lesende und Schreibende mögen sich hier (spontan) treffen, um über Literatur zu diskutieren, oder auch nur, um zusammen ein Glas Wein zu trinken – ein Haus, das dem stillen Gewerbe die benötigte Öffentlichkeit verschafft. Ein utopischer Ort?

Was für manche unrealisierbar scheint, wird Wirklichkeit. 1998 beschliesst die Christoph Merian Stiftung, die von der Stadt zurückhaltend unterstützten Kultursparten mit eigenen Geldern zu fördern. Die Literatur gehört dazu. Jennys Konzept ‹Literaturhaus› findet bei der Stiftung entsprechende Resonanz, bereits im April 1999 mietet sie im neu entstehenden Kulturhaus ‹Mitte› die dritte Etage für einen künftigen Lesebetrieb und stellt für die ersten vier Betriebsjahre einen Betrag von 1,7 Millionen Franken zur Verfügung.** Ein breit gefächerter Trägerverein wird formiert, das Amt einer Intendanz ausgeschrieben und unter hundertfünfzig Bewerbenden die Berlinerin Margrit Manz ausgewählt. Am 7. April 2000 öffnet das Haus, das eigentlich nur eine Etage ist, seine Tore. Hunderte Neu-

gierige kommen, alle bringen als Eintrittsgeld ein Buch mit. Urs →**Widmer** ist der Festredner, drei Tage lang wird Literatur zelebriert: mit Lesungen, Performances und Autorengesprächen. Seither hat sich in der renovierten Bel-Etage einiges ereignet: Neben den klassischen Autorenlesungen gibt es themenspezifische Veranstaltungen, spartenübergreifende Podiumsdiskussionen, Buchvernissagen, Branchengespräche und Geburtstagsfeiern (→**Federspiel**, →**Hochhuth**); die Gäste kommen aus Basel, Berlin oder Bangkok, sind berühmt, renommiert oder auch noch zu entdecken.***

Unterdessen hatte sich die Literaturgruppe aufgelöst; Basel hatte seinen Ort fürs Wort – aber noch keine Buchmesse. Weshalb der leidenschaftliche Vermittler Jenny sein nächstes Projekt anpackte: «Unrealisierbar» heisst es noch im Herbst 2002. Vom 2. bis zum 4. Mai 2003 findet sie dann statt, die ‹BuchBasel› mit rund zweihundertsechzig Ausstellern aus dem In- und Ausland, 28 000 Besuchenden und einem fulminanten Rahmenprogramm: In Kneipen und Restaurants, schummrigen Bars, im Literaturhaus und am Theater werden während den drei Tagen etwa zweihundert literarische Veranstaltungen abgehalten. In der Montagsausgabe heisst es in der Zeitung: «Basel entdeckt seine Liebe zum Buch.»

Hinweis: Das Literaturhaus ist geöffnet vom Montag bis Samstag, jeweils von zehn Uhr morgens bis sechs Uhr abends. Gerbergasse 30, Tel. 061 261 29 50. Informationen unter http://www.literaturhaus-basel.ch.

* Nach einer Unterbrechung finden weitere Lesefestivals im Restaurant ‹Erlkönig› auf dem ‹nt/Areal› des Badischen Bahnhofs (2001), im Musiklokal ‹Atlantis› (2002) und während der ersten ‹BuchBasel› (2003) statt.

** Das ursprüngliche Budget wird noch aufgestockt, auf das Gesuch der Stiftung hin überweist der Regierungsrat Basel die fehlenden 350 000 Franken.

*** Im Literaturhaus liegt ein Gästebuch auf, in dem nachzulesen ist, wer hier schon gelesen hat.

ANMERKUNGEN

1 Zit. nach: Hug, Heinz: Guido Bachmann, in: Arnold, Heinz Ludwig (Hg.): Kritisches Lexikon zur deutschsprachigen Gegenwartsliteratur, Bd. 1, München 1978, S. 6 (Stand 1998).

2 Bachmann, Guido: bedingt entlassen, Basel 2000, S. 72.

3 Blocher, Hermann: Autobiographische Aufzeichnungen von Professor Johann Jacob Bachofen, in: Basler Jahrbuch 1917, Basel 1916, S. 329.

4 Ebd., S. 319.

5 Ebd., S. 337.

6 Becher, Martin Roda: Dauergäste. Meine Familiengeschichte, Zürich 2000, S. 86.

7 Becher, Ulrich: Nachtigall will zum Vater fliegen, Wien 1950, S. 379.

8 Ebd., S. 373.

9 Zit. nach: Rüedi, Peter: Realismus, gemischt mit einer Art Nebel, in: Weltwoche, Nr. 17, 26. April 1990.

10 Berger, Lore: Der barmherzige Hügel, Neuausgabe, Zürich 1999, S. 8.

11 Ebd., S. 19.

12 Ebd., S. 166.

13 Lore Berger an die Jurykommission, 19. Juli 1943, zit. nach: Linsmayer, Charles: Aber die Tage sind so grau und haben wenig Schönheit zu geben. Lore Berger, ihr Leben, ihre Zeit und ihr Roman, in: Berger, Lore: Der barmherzige Hügel, S. 230 (s. Anm. 10).

14 Leuzinger, Fridolin (Hg.): Emil Beurmann, Basel 1990, S. 9.

15 Beurmann, Emil: Von Leuten und Sachen, Basel 1942, S. 165.

16 Ebd., S. 14.

17 Anonym: Jugendthorheit. Gedichte zweier Freunde, Basel 1891, o. S.

18 Zit. nach: Leuzinger, Fridolin (Hg.): Emil Beurmann, S. 59 (s. Anm. 14).

19 Burckhardt, August L.: Geschichte der dramatischen Kunst zu Basel, in: Historische Gesellschaft zu Basel (Hg.): Beiträge zur Geschichte Basels, Basel 1839, S. 187.

20 Gast, Johannes: Das Tagebuch. Ein Beitrag zur schweizerischen Reformationsgeschichte, bearb. v. Paul Burckhardt, Basel 1945, S. 271.

21 Platter, Felix: Tagebuch 1536–1567, hg. v. Valentin Lötscher, Basel 1976, S. 82.

22 Nadler, Josef: Literaturgeschichte der Deutschen Schweiz, Leipzig/Zürich 1932, S. 224.

23 Burckhardt, August L.: Geschichte der dramatischen Kunst zu Basel, S. 193 (s. Anm. 19).

24 Borchert, Wolfgang: Dann gibt es nur eins!, in: Ders.: Das Gesamtwerk, Hamburg u.a. 1949, S. 384.

25 Brambach, Rainer/Geerk, Frank: Kneipenlieder, Zürich 1974, S. 9.

26 Geerk, Frank.: Nachwort, in: Brambach, Rainer: Heiterkeit im Garten, Zürich 1989, S. 527.

27 Brambach, Rainer: Heiterkeit im Garten. Das gesamte Werk, Zürich 1989, S. 201.

28 von Salis, Arnold: Zum hundertsten Geburtstag Jacob Burckhardt's, in: Basler Jahrbuch 1918, Basel o.J., S. 292.

29 Ebd., S. 276.

30 Jacob Burckhardt an Gottfried Kinkel, 21. März 1842, zit. nach: Jacob Burckhardt 1818–1897. Geschichte. Kunst. Kultur. Katalog zur Ausstellung aus Anlass des 100. Todestages, bearb. v. David Marc Hoffmann, Basel 1997, S. 87.

31 Friedrich Nietzsche an Sophie Rischl, 26. Juli 1869, zit. nach: Jacob Burckhardt 1818–1897, S. 69 (s. Anm. 30).

32 von Salis, Arnold: Burckhardt, S. 296 (s. Anm. 28).

33 Castellio, Sebastian: De arte dubitandi, Leiden 1981, S. 49, zit. nach: Guggisberg, Hans R.: Sebastian Castellio. 1515–1563. Humanist und Verteidiger der religiösen Toleranz im konfessionellen Zeitalter, Göttingen 1997, S. 248.

34 Castellio, Sebastian: De haereticis, Genf 1954, S. 25, zit. nach: Guggisberg, Hans R.: Sebastian Castellio, S. 96 (s. Anm. 33).

35 Ebd., S. 307.

36 Kaegi, Werner: Castellio und die Anfänge der Toleranz, in: Basler Universitätsreden, 32. Heft, Basel 1953, S. 27.

37 Martin R. Dean's Predigt über Väter, 22. September 2002. Nachzulesen unter: www.offenekirche.ch/info/archiv.asp.

38 Ebd.

39 Carl Friedrich Drollinger an Johann Jacob Bodmer, 17. August 1741, in: Sauder, Gerhard: Drollinger an Bodmer – zwölf Briefe, in: Zeitschrift für die Geschichte des Oberrheins, Heft 1, Karlsruhe 1964, S. 184.

40 Rüedi, Peter: Friedrich Dürrenmatt und Basel, in: Basler Stadtbuch 1991, Basel 1992, S. 192.

41 Duvanel, Adelheid: Innen und Aussen, in: Dies.: Der letzte Frühlingstag. Erzählungen, München 1997, S. 122.

42 Ebd., S. 131.

43 von Matt, Peter: Schreiben und Sterben einer Autorin: Adelheid Duvanel, in: Ders.: Die tintenblauen Eidgenossen. Über die literarische und politische Schweiz, München 2001, S. 298.

44 Duvanel, Adelheid: Innen und Aussen, S. 122 (s. Anm. 41).

45 von Matt, Peter: Schreiben und Sterben, S. 303 (s. Anm. 43).

46 Erasmus von Rotterdam: Colloquia familiaria. Vertraute Gespräche, hg. v. Werner Welzig, Darmstadt 1995, S. 257.

47 Ebd., S. 263.

48 Schneider, Hansjörg: Schnell im Urteil und doch immer präzise, voller Leidenschaft, in: Aargauer Tagblatt, 19. Juni 2001.

49 Fringeli, Dieter: Die unerschöpfliche Phantasie des Zufalls, in: Ders.: Dichter im Einsatz, Zürich 1991, S. 104.

50 Ebd., S. 105.

51 Federspiel, Jürg: Böses. Wahn und Müll, Frankfurt a. M. 1990, S. 107. – Eine bibliophile Neuausgabe der vergriffenen Gedichtsammlung hat Beat Brechtbühl im Verlag ‹Im Waldgut› herausgegeben.

52 Ders.: Im Innern der Erde wütet das Nichts, Frauenfeld 1999, S. 48.

53 Wackernagel, Wilhelm: Johann Fischart von Strassburg und Basels Antheil an ihm, Basel 1870, S. 19.

54 Fischart, Johann: Affenteurliche und ungeheurliche Geschichtschrift, zit. nach: von Borries, Ernst u. Erika: Deutsche Literaturgeschichte, Bd. 1, München 1991, S. 327.

55 Dieter Forte in: Autoren sind am Theater heute nicht mehr erwünscht, Basler Zeitung, Nr. 78, 2. April 1998.

56 Ebd.

57 Forte, Dieter: Weggehen um Anzukommen, in: Gössmann, Wilhelm / Roth, Klaus-Hinrich (Hg.): Literarisches Schreiben aus regionaler Erfahrung, Paderborn u.a. 1996, S. 413.

58 Dieter Forte in: Dem Zeitstrom entgegen, in: Hof, Holger (Hg.): Vom Verdichten der Welt. Zum Werk von Dieter Forte, Frankfurt a.M. 1998, S. 217.

59 Peuckert, Willi-Erich: Sebastian Franck. Ein deutscher Sucher, München 1943, S. 425.

60 Zit. nach: Guggisberg, Hans R.: Sebastian Franck und Sebastian Castellio, in: Müller, Jan-Dirk (Hg.): Sebastian Franck, Wiesbaden 1993, S. 297.

61 Fringeli, Dieter: Dichter im Einsatz, S. 7 (s. Anm. 49).

62 Ders.: Zwischen den Orten. Gedichte, Breitenbach 1965, S. 14.

63 Ders.: ich bin mein gutes recht. gedichte aus dem nachlass, Basel 2003, S. 63.

64 Ders: Fingernägel. 23 Anfälle, Zürich 1992, S. 7.

65 Gast, Johannes: Tagebuch, S. 325 (s. Anm. 20).

66 Ebd., S. 391.

67 Gast, Johannes: Tischreden, zit. nach: Jösel, Martin: Johann Faust und Johannes Gast. Anmerkungen zur Legendenbildung um Faust in Basel des 16. Jahrhunderts, in: Das Markgräflerland, Heft 2, Schopfheim 1991. – Jösel weist in seinem Aufsatz auf diese bislang in der Faust-Forschung wenig beachtete ‹Gast›-Passage hin und leitet davon eine bedeutsame ‹Station› innerhalb der Faust-Legendenbildung ab.

68 drehpunkt. Literarische Zeitschrift, Nr. 0, Oktober 1968, S. 4.

69 Ebd.

70 Schneider, Hansjörg: Frischer Wind am Totentanz, in: drehpunkt, S. 16 (s. Anm. 68).

71 Geiser, Christoph: Eine anstrengende Stadt, in: Fringeli, Dieter (Hg.): haltla. Basel und seine Autoren, Basel 1978, S. 88.

72 Egyptien, Jürgen: Christoph Geiser, in: Arnold, Heinz Ludwig (Hg.): Kritisches Lexikon zur deutschsprachigen Gegenwartsliteratur Bd. 4, München 1978, S. 6 (Stand 1998).

73 Geiser, Christoph: Simple Neugier. Schmerzhafte Gier, in: Tresch, Christine (Hg.): Schreibweisen. Autorinnen und Autoren aus der Schweiz über ihre Arbeit, Zürich 1994, S. 28.

74 Elisabeth Gerter an einen unbekannten Kritiker, April 1939, in: Dem Gedenken der Dichterin Elisabeth Gerter, Aarau 1965, S. 248.

75 Elisabeth Gerter an Jakob Bührer, Mai 1946, in: Dem Gedenken, S. 250 (s. Anm. 74).

76 Gerter, Elisabeth: Über die Entstehung des Romans *Die Sticker*, in: Dem Gedenken, S. 189 (s. Anm. 74).

77 Glareanus, Henricus: Helvetiae descriptio: panegyrium, hg. und übers. v. Werner Näf, St. Gallen, 1948, o. S.

78 Rudolf Graber in der Schweizerischen Radiozeitung, 1953, zit. nach: Bräm, Emil Max: Rudolf Graber. Mensch und Dichter, Basler Jahrbuch 1959, Basel 1960, S. 100.

79 Widmer, Urs: Basel, in: Ders.: Schweizer Geschichten, Bern/Stuttgart 1975, S. 105.

80 Unbekannter Rezensent, zit. nach: Küry, Hans: Simon Grynaeus von Basel. 1725–1799. Der erste deutsche Übersetzer von Shakespeares Romeo und Julia, Zürich / Leipzig 1935, S. 67.

81 Johann Peter Hebel an Gustave Fecht, 16.1.1825, in: Hebel, Johann Peter: Briefe der Jahre 1810–1826, Bd. 2, Karlsruhe 1957, S. 730.

82 Hesse, Hermann: Basler Erinnerungen, in: Ders.: Kindheit und Jugend vor Neunzehnhundert. Hermann Hesse in Briefen und Lebenszeugnissen, hg. v. Ninon Hesse, Bd.2, Frankfurt 1978, S. 616.

83 Ebd., S. 617.

84 Ebd., S. 456.

85 Hermann Hesse an Stefan Zweig, 11. September 1904, in: Hesse, Hermann: Gesammelte Briefe, Bd. 1, Frankfurt a. M. 1973, S. 126.

86 Hermann Hesse an einen unbekannten Empfänger, 1925, zit. nach: Schnierle-Lutz, Herbert: Literaturreisen. Auf den Spuren Hermann Hesses von Calw nach Montagnola, Stuttgart 1991, S. 169.

87 Hetzel, Elisabeth: Vergangene Tage. Eine Basler Familiengeschichte, Basel 1879, S. 117.

88 Hochhuth, Rolf: Ankunft in Basel, in: Mann, Golo / Hochhuth, Rolf: Aus dem Briefwechsel, Bern 2002, S. 13.

89 Zit. nach: Zingg, Martin: Ein Fest für Rolf Hochhuth, in: Basler Zeitung, Nr. 79, 3. März 2003.

90 Peter Ochs, zit. nach: Staehelin, Andreas: Peter Ochs als Historiker, Basel 1952, S. 206.

91 Heute allgemein ‹Gesellschaft für das Gute und Gemeinnützige›.

92 Im Hof, Ulrich: Isaak Iselin. 1728–1782, 138. Neujahrsblatt der GGG, Basel 1960, S. 48.

93 Isolani, Gertrud: Kein Blatt vor dem Mund. Briefe, Gespräche, Begegnungen, Basel 1985, S. 176.

94 Ebd., S. 177.

95 Isolani, Gertrud: Stadt ohne Männer, Neuausgabe, Basel 1979, S. 174.

96 Ebd., S. 180.

97 Platter, Felix: Tagebuch, S. 349 (s. Anm. 21).

98 Zit. nach: Haupt, Hermann: Ein vergessener Dichter aus der Frühzeit der Burschenschaft, Berlin 1909.

99 Demius: Die Revolution, Basel 1831, S. 5.

100 Wenn Texte nicht klingen, sind sie keine Literatur. Fragen an Birgit Kempker und Urs Engeler, in: entwürfe für literatur, Nr. 12, November 1997.

101 Kempker, Birgit: Wie Schreiben geht. E für N und N für E, in: Groddeck, Wolfram / Allemann, Urs (Hg.): Schnittpunkte. Parallelen. Literatur und Literaturwissenschaft im ‹Schreibraum Basel›, Köln / Basel 1995, S. 261.

102 Hermann Kesser an Franz Hammer, zit. nach: Hammer, Franz: Nachwort, in: Kesser, Hermann: Die Stunde des Martin Jocher. Erzählungen, Berlin 1975, S. 468.

103 Ebd., S. 441.

104 Ebd., S. 447.

105 Hermann Kesser, zit. nach: Schumann, Peter: Nachwort, in: Kesser, Hermann: Das Verbrechen der Elise Geitler und andere Erzählungen, Olten 1981, S. 251.

106 Kesten, Hermann: Filialen des Parnass, 31 Essays, Neuausgabe, Frankfurt a. M. / Berlin 1984, S. 325.

107 Ders.: Dichter im Café, Neuausgabe, Frankfurt a. M. / Berlin 1983, S. 12.

108 Ebd., S. 11.

109 Kesten, Hermann: Filialen des Parnass, S. 9 (s. Anm. 106).

110 Johann Rudolf Kölner in seinen Erziehungsakten 1821–1825, zit. nach: Kölner, Paul Rudolf: Kölner, ‹der Saure›. Aus dem Leben eines baslerischen Freiheitskämpfers, Sonderdruck aus dem Basler Jahrbuch 1907, Basel 1908, S. 7.

111 Kölner, Johann Rudolf: Bittere Fragen, in: Ders.: Raurazische Lieder, Stäfa 1833, S. 31.

112 Kölner, Paul Rudolf: Kölner, ‹der Saure›, S. 13 (s. Anm. 110).

113 Burckhardt, August L.: Geschichte der dramatischen Kunst zu Basel, S. 189 (s. Anm. 19).

114 Läuchli, Ernst: Fünferlei Betrachtnisse von Johannes Kollros, in: Basler Stadtbuch 1960, Basel 1961, S. 160.

115 Kretzen, Friederike: Ist ein Pferd ein Text?, in: Krupp, Ute-Christine/Janssen, Ulrike (Hg.): Zuerst bin ich immer Leser. Prosa schreiben heute, Frankfurt a. M. 2000, S. 103.

116 Ebd., S. 116.

117 Krupp, Ute-Christine/Janssen, Ulrike: Vorwort, in: Dies.: Zuerst bin ich immer Leser, S. 11 (s. Anm. 115).

118 Kretzen, Friederike: Ist ein Pferd ein Text?, S. 105 (s. Anm. 115).

119 Burckhardt, Jacob. Briefwechsel mit der Basler Dichterin Emma Brenner-Kron, Basel 1925, S. 15.

120 Ebd., S. 18.

121 Ernst, Adolf Wilhelm: Heinrich Leuthold. Ein Dichterportrait, 2. Aufl., Hamburg 1893, S. 20.

122 Ebd.

123 Kron, Emma. Bilder aus dem Basler Familienleben, in baseldeutschen Versen, Basel 1867, S. 21.

124 Laederach, Jürg: 69 Arten den Blues zu spielen, Frankfurt a. M. 1984, S. 320.

125 Cramer, Sibylle: Nenn mich bedingungslos Laederach, in: Neue Zürcher Zeitung, Nr. 58, 10./11. März 2001.

126 Laederach, Jürg: Der zweite Sinn oder Unsentimentale Reise durch ein Feld Literatur, Frankfurt a.M. 1988, S. 13.

127 Ders.: Einfall der Dämmerung, Frankfurt a. M. 1974, S. 38.

128 Ein Abdruck des Briefes findet sich in: Lang, Siegfried: Blätterstatt, Neuausgabe, mit einem Nachwort v. Dieter Fringeli, Basel 1989, S. 107.

129 Ebd., S. 121.

130 Ebd., S. 86.

131 Lenz, Jakob Michael Reinhold: Versuch über das erste Principium der Moral, in: Ders.: Werke und Briefe in drei Bänden, Bd. 2, hg. v. Sigrid Damm, Leipzig 1987, S. 510.

132 Loos, Cécile Ines: Biographie, in: Dies.: Verzauberte Welt. Ein Lesebuch, hg. v. Charles Linsmayer, Küsnacht/Zürich 1985, S. 185.

133 Linsmayer, Charles: «Ich fand nirgends eine Heimat ausser bei mir selbst.» Leben und Werk der Schriftstellerin Cécile Ines Loos, in: Loos, Cécile Ines: Hinter dem Mond, Zürich 1983, S. 226.

134 S. dazu: Wamister, Christof: Ein Basler «Doktor Faustus»?, in: Neue Zürcher Zeitung, Nr. 77, 2./3. April 1983.

135 Unbekannter Verfasser: Zum Tode von Rudolf Löw, in: Basler Nachrichten, Nr. 11, 9. Januar 1949.

136 Ebd.

137 Löw, Rudolf: Häuser über dem Rhein. Ein Künstlerroman aus der Basler Gesellschaft, Bd. 1, 3. Teil, Basel 1989, S. 62.

138 Wamister, Christof: Vorwort, in: Löw, Rudolf: Häuser über dem Rhein, S. 6 (s. Anm. 137).

139 Socin, Adolf: Basler Mundart und Basler Dichter, 74. Neujahrsblatt der GGG, Basel 1895, S. 32.

140 Ebd., S. 33.

141 Tagebücher 1901 (unveröffentlicht), zit. nach: Wamister, Christof: Felix Moeschlin. Leben und Werk, Bern 1982, S. 6. – Moeschlins Nachlass, über siebzig Kisten mit unveröffentlichten Texten und Tagebuchaufzeichnungen, bewahrt die Basler Universitätsbibliothek auf.

142 Wamister, Christof: Felix Moeschlin, S. 240 (s. Anm. 141).

143 Tagebücher 1951/52 (unveröffentlicht), zit. nach: Wamister, Christof: Felix Moeschlin, S. 58 (s. Anm. 141).

144 Nietzsche, Friedrich: Die Geburt der Tragödie. Kritische Studienausgabe, Bd. 1, hg. v. Giorgio Colli und Mazzino Montinari, 2., durchgesehene Aufl., Berlin/New York 1999, S. 15.

145 Hoffmann, David Marc: Nietzsche in Basel – Aspekte einer bedeutsamen Beziehung, in: Basler Stadtbuch 1994, Basel 1995, S. 195.

146 Friedrich Nietzsche an Erwin Rohde, Sommer 1869, zit. nach: His, Eduard: Friedrich Nietzsches Heimatlosigkeit, in: Basler Zeitschrift für Geschichte und Altertumskunde, 39. Bd., Basel 1940, S. 181.

147 Nietzsche, Friedrich: Dionysos-Dithyramben, Kritische Studienausgabe, Bd. 6, S. 377 (s. Anm. 144).

148 Ochs, Peter: Geschichte der Stadt und Landschaft Basel, Bd. 8, Basel 1822, S. 270, zit. nach: von Wartburg, Beat: Musen & Menschenrechte. Peter Ochs und seine literarischen Werke, Basel 1997, S. 348.

149 Vgl. dazu: Buscher, Hans: Heinrich Pantaleon und sein Heldenbuch, in: Basler Beiträge zur Geschichtswissenschaft, Bd. 26, Basel 1946, S. 296.

150 Ebd., S. 55.

151 Erasmus, zit. nach: Kaiser, Ernst: Paracelsus in Selbstzeugnissen und Bilddokumenten, Reinbek bei Hamburg 1969, S. 84.

152 Piccolomini, Enea Silvio: Briefe, Jena 1911, S. 18.

153 Ebd., S. 19.

154 Ebd., S. 12.

155 Muschg, Walter: Vorwort, in: Platter, Thomas: Lebensbeschreibung, Basel o.J., S. 13.

156 Felix Platter, zit. nach: Lötscher, Valentin: Felix Platter und seine Familie, Basel 1975, S. 175.

157 S. dazu: Karcher, Johannes: Felix Platter. Lebensbild des Basler Stadtarztes, Basel 1949, S. 88f.

158 Zit. nach: Liebendörfer, Helen: Spaziergänge zu Malern, Dichtern und Musikern in Basel, Basel 2000, S. 62.

159 Ronus, Susanne: Die Hausfrau, in: Selma's Erzählungen aus der Romanenwelt des wirklichen Lebens, Aarau 1834, S. 172.

160 Ebd., S. 173.

161 Ebd., S. 176.

162 von Roten, Iris: Vorwort, in: Dies.: Frauen im Laufgitter, Neuausgabe, Zürich 1991, S. 6.

163 Pressemitteilung des BSF, in: Die Staatsbürgerin, Nr. 1, 1959, zit. nach: Joris, Elisabeth / Witzig, Heidi (Hg.): Frauengeschichte(n). Dokumente aus zwei Jahrhunderten zur Situation der Frauen in der Schweiz, Zürich 1986, S. 534.

164 von Salis, Meta: Lebenswinter, in: Aristokratica II. Gedichte, Zürich 1919.

165 Bernoulli, Carl Albrecht: Jakob Schaffner, in: Der Lesezirkel, 10. Jg., Heft 4, Zürich 1922/1923.

166 Burckhardt-Sarasin, Carl / Schwabe-Burckhardt, Hansrudolf (Hg.): Scheik Ibrahim. Briefe an seine Eltern und Geschwister, Basel 1956, S. 118.

167 Ebd., S. 138.

168 Ebd., S. 175.

169 Schmidli, Werner: Der Junge und die toten Fische, in: Ders.: Der Junge und die toten Fische. Erzählungen, Einsiedeln / Zürich / Köln 1966, S. 250.

170 Schmidli, Werner: Abbild der Wirklichkeit, in: Fringeli, Dieter (Hg.): haltla, S. 174 (s. Anm. 71).

171 Bloch, Peter André / Hubacher, Edwin (Hg.): Der Schriftsteller in unserer Zeit. Schweizer Autoren bestimmen ihre Rolle in der Gesellschaft. Eine Dokumentation zu Sprache und Literatur der Gegenwart, Bern 1972, S. 158.

172 Hansjörg Schneider, in: Aargauer Zeitung, 18. Oktober 2002.

173 Ebd.

174 Spitteler, Carl: Meistererzählungen, Zürich 1990, S. 347.

175 Staehelin-Burckhardt, Charlotte Louise: Unter dem Siegel der Verschwiegenheit, hg. v. Christoph E. Hoffmann, Bd. 1, Zürich 2003, S. 28.

176 Ebd., S. 60.

177 Ebd., S. 135.

178 Staehelin-Burckhardt, Charlotte Louise: Unter dem Siegel der Verschwiegenheit, Bd. 2, S. 327 (s. Anm. 175).

179 Thea Sternheim: Tagebücher 1903–1971, hg. v. Thomas Ehrsam und Regula Wyss, Bd. 4, Göttingen 2002, S. 471.

180 Ebd., S. 503.

181 Ebd., S. 73.

182 Ebd., S. 446.

183 Walter Muschg, in: Neue Schweizer Lyrik, Pro Helvetia, 3. Jg., Bern 1932, S. 562.

184 Francisca Stoecklin an Julie Weidenmann, 4. April 1927, in: Stoecklin, Francisca: Lyrik und Prosa, hg. v. Beatrice Mall-Grob, Bern 1994, S. 161.

185 Ebd., S. 139.

186 Thommen, Elisabeth: Kleiner Rückblick. Ein Tagebuchblatt, in: Schweizerischer Frauenkalender, Jahrbuch der Schweizer Frauen, Aarau 1957, S. 75.

187 Thommen, Elisabeth: Summervögeli und Blüemli, in: Dies.: Es Buscheli grynt, Zürich 1937.

188 Vuilleumier, John F.: Erinnerungen aus dem Reich der Färberherren, in: Basler Jahrbuch 1946, Basel o.J., S. 90.

189 Fringeli, Dieter: Anwalt der Gestrandeten. J. F. Vuilleumier – ein Überlebender, in: Ders.: Dichter im Abseits, Zürich 1974, S. 149.

190 Eine äusserst aufschlussreiche Analyse des Festspiels bezüglich seiner imaginierten Geschichte der Stadt Basel und ihrer gesellschaftlichen Wirklichkeit gibt der Historiker Philipp Sarasin in seinem Aufsatz *Die bürgerliche Traumgeschichte der Stadt Basel*, in: Bilder und Leitbilder im sozialen Wandel, Zürich 1991.

191 Hoffmann, Karl Emil: Wilhelm Wackernagel, in: Ders. (Hg.): Basler Dichterstätten, Basel 1934, S. 25.

192 Jenny, Ernst: Basler Dichtung und Basler Art im 19. Jahrhundert, 105. Neujahrsblatt der GGG, Basel 1927, S. 17.

193 Meyer-Merian, Theodor: Entschwundene Zeiten, hg. v. Friedrich Oser, Basel 1869, S. 344.

194 Wenger, Lisa: Mein Leben, in: Schweizer Frauen der Tat. 1855–1885, Zürich 1929, S. 78.

195 Ebd.

196 Widmer, Urs: Leis und lärmig, in: Tresch, Christine (Hg.): Schreibweisen. Autorinnen und Autoren aus der Schweiz über ihre Arbeit, Zürich 1994, S. 16.

197 Wolleb, Emanuel: Die Reise nach dem Concerte. Durch einen Vetter des Eidsgenossen, 1755, S. 14, zit. nach dem Nachdruck in: Staehelin, Martin: Der Basler Schultheiss Emanuel Wolleb und seine satirische Schrift, 177. Neujahrsblatt der GGG, Basel 1999, S. 114.

198 Ebd., S. 127.

199 Das Tagebuch wurde nie veröffentlicht. Das Original befindet sich in der Universitätsbibliothek. 1902 wurden die (lateinischen) Aufzeichnungen im ersten Band der *Basler Zeitschrift für Geschichte und Altertumskunde* herausgegeben. Hier zit. nach: Teuteberg, René: Berühmte Basler und ihre Zeit, Basel 1976, S. 30.

200 Isaak Iselin, zit. nach: Im Hof, Ulrich: Isaak Iselin. 1728–1782, 138. Neujahrsblatt der GGG, Basel 1960, S. 18.

201 Isaak Iselin an Rudolf Frey, 1. Februar 1750, zit. nach: Im Hof, Ulrich: Isaak Iselin. Sein Leben und die Entwicklung seines Denkens bis zur Abfassung der *Geschichte der Menschheit* von 1764, 2 Bde, Bd. 1: Isaak Iselins Leben und Bildungsgang bis 1764, Basel 1947, S. 92.

202 Isaak Iselin, zit. nach: Im Hof, Ulrich: Isaak Iselin. 1728–1782, S. 19 (s. Anm. 200).

203 Burckhardt, Carl: Geschichte der Baslerischen Gesellschaft zur Beförderung des Guten und Gemeinnützigen während der ersten fünfzig Jahre ihres Bestehens, Basel 1827, S. 21.

204 Ebd.

205 Burckhardt, Felix: Alter ego, in: Fringeli, Dieter (Hg.): haltla, S. 49 (s. Anm. 71).

206 In: Poesie. Zeitschrift für Literatur, 3. Jg., Heft 2, 1974, S. 9.

REGISTER

LITERATUR

Bloch, Peter André / Hubacher, Edwin (Hg.): Der Schriftsteller in unserer Zeit. Schweizer Autoren bestimmen ihre Rolle in der Gesellschaft. Eine Dokumentation zu Sprache und Literatur der Gegenwart, Bern 1972.

Braun, Evelyn / Fringeli, Dieter: Wohnhaft in Basel. 25 Autoren und ihre Stadt, Basel 1988.

Burckhardt, August L.: Geschichte der dramatischen Kunst zu Basel, in: Historische Gesellschaft zu Basel (Hg.): Beiträge zur Geschichte Basels, Basel 1839.

Burckhardt, Carl: Geschichte der Baslerischen Gesellschaft zur Beförderung des Guten und Gemeinnützigen während der ersten fünfzig Jahre ihres Bestehens, Basel 1827.

Charbon, Rémy: «O Schweizerland, du schöne Braut». Politische Schweizer Literatur 1798–1848, Zürich 1998.

Debrunner, Albert M.: Frauenzimmerbibliotheken und Töchterschulen. Die Bemühungen Schweizer Aufklärer um die intellektuelle Bildung von Frauen, in: Librarium, 41. Jg., Heft 2, September 1998.

Flueler, Elisabeth: Die Geschichte der Mädchenbildung in der Stadt Basel, 162. Neujahrsblatt der GGG, Basel 1984.

Joris, Elisabeth / Witzig, Heidi (Hg.): Frauengeschichte(n). Dokumente aus zwei Jahrhunderten zur Situation der Frauen in der Schweiz, 4. erg. Aufl., Zürich 2001.

Fringeli, Dieter: Dichter im Abseits. Schweizer Autoren von Glauser bis Hohl, Zürich / München 1974.

Ders. (Hg.): haltla. Basel und seine Autoren, Basel 1978.

Ders.: Dichter im Einsatz, Zürich 1991.

Geerk, Frank (Hg.): Der Humanismus als historische Bewegung. 2000 Jahre Humanismus, Basel 1998.

Groddeck, Wolfram / Allemann, Urs (Hg.): Schnittpunkte. Parallelen. Literatur und Literaturwissenschaft im ‹Schreibraum Basel›, Köln / Basel 1995.

Heusler, Andreas: Geschichte der öffentlichen Bibliothek der Universität Basel, Basel 1896.

Hieronymus, Frank: Kurzer Wandel durch die ersten hundert Jahre des Basler Buchdrucks, in: Wandelhalle der Bücherfreunde. Nachrichtenblatt der Gesellschaft der Bibliophilen, NF, 21. Jg., Heft 4, Koblenz 1979.

Hoffmann, Karl Emil (Hg.): Basler Dichterstätten, Basel 1934.

Jenny, Ernst: Basels Komödienwesen im 18. Jahrhundert, in: Basler Jahrbuch 1919, Basel o.J.

Ders.: Basler Dichtung und Basler Art im 19. Jahrhundert, 105. Neujahrsblatt der GGG, Basel 1927.

Jösel, Martin: BaseLiteraTour, in: Allmende, 19. Jg., Nr. 60/61, Eggingen 1999.

Ders.: Johann Faust und Johannes Gast. Anmerkungen zur Legendenbildung um Faust in Basel des 16. Jahrhunderts, in: Das Markgräflerland, Heft 2, Schopfheim 1991.

Kälin, Hans: Das Basler Papier-Gewerbe in der Reformationszeit, Basel 1972.

Ders.: Papier in Basel bis 1500, Basel 1974.

Kreis, Georg / von Wartburg, Beat (Hg.): Basel – Geschichte einer städtischen Gesellschaft, Basel 2000.

Kubli, Sabine / Stump, Doris (Hg.): «Viel Köpfe, viel Sinn». Texte von Autorinnen aus der deutschsprachigen Schweiz 1795–1945, Bern 1994.

Lendorff, Gertrud: Kleine Geschichte der Baslerin, Basel 1966.

Liebendörfer, Helen: Spaziergänge zu Malern, Dichtern und Musikern in Basel, Basel 2000.

Linsmayer, Andrea / Linsmayer, Charles (Hg.): Frühling der Gegenwart. Deutschschweizer Erzählungen 1890–1950, 3 Bde., Frankfurt a.M. 1990.

von Matt, Peter: Die tintenblauen Eidgenossen. Über die literarische und politische Schweiz, München 2001.

Mielczarek, Zygmunt (Hg.): Flucht und Dissidenz. Aussenseiter und Neurotiker in der Deutschschweizer Literatur, Frankfurt a. M. / Berlin / Bern 1999.

Nadler, Josef: Literaturgeschichte der deutschen Schweiz, Leipzig / Zürich 1932.

Pfeifer, Tadeus / Felix, H.R. Felix (Hg.): Nicht Fisch. Nicht Vogel. Neun Schriftsteller und Schriftstellerinnen predigen, Basel 1994.

Ryter, Elisabeth u.a. (Hg.): Und schrieb und schrieb wie ein Tiger aus dem Busch. Über Schriftstellerinnen in der deutschsprachigen Schweiz, Zürich 1994.

Salvisberg, André: Die Basler Strassennamen, Basel 1999.

Sarasin, Philipp: Die bürgerliche Traumgeschichte der Stadt Basel. Imaginierte Geschichte, nationale Mythologie und gesellschaftliche Wirklichkeit im ‹Basler Festspiel› von 1892, in: Schweizerisches Sozialarchiv (Hg.): Bilder und Leitbilder im sozialen Wandel, Zürich 1991.

Schwarber, Karl: Die Entwicklung der Universitätsbibliothek zu Basel, Sonderdruck aus ‹Basler Studentenschaft›, Jg. 25., Heft 5, Basel 1944.

Siegrist, Christoph (Hg.): Schweizer Erzählungen. Deutschweizer Prosa seit 1950, 2 Bde., Frankfurt a. M. 1990.

Socin, Adolf: Basler Mundart und Basler Dichter, 74. Neujahrsblatt der GGG, Basel 1895.

Spiewok, Wolfgang: Das deutsche Fastnachtspiel. Ursprung, Funktionen, Aufführungspraxis, 2. überarb. u. erw. Aufl., Greifswald 1997.

Suter, Rudolf: Die baseldeutsche Dichtung vor J. P. Hebel. Basler Mundart und Mundartforschung im 17. und 18. Jahrhundert, Basel 1949.

Teuteberg, René: Basler Geschichte, Basel 1986.

Tresch, Christine (Hg.): Schreibweisen. Autorinnen und Autoren aus der Schweiz über ihre Arbeit, Zürich 1994.

Verein und Verlag Frauenstadtrundgang (Hg.): ‹Do samletten sich die wiber›, Basel 1997 (= Quergängerin; 5).

Wanner, Gustav Adolf: Berühmte Gäste in Basel, Basel 1981.

Ders.: Häuser, Menschen, Schicksale. 3 Bde., Basel 1985–1988.

Werthmüller, Hans: Tausend Jahre Literatur in Basel, Basel 1980.

Wiesmann, Louis (Hg.): Siebzehn Basler Autoren. Gespräche. Proben aus ihrem Werk, Basel 1963.

Wunder, Heide (Hg.): Eine Stadt der Frauen. Studien und Quellen zur Geschichte der Baslerinnen im späten Mittelalter und zu Beginn der Neuzeit, Basel 1995.

BILDNACHWEIS

ATP Bilderdienst A. Pfister 131
Jürgen Bauer 10
Yvonne Böhler 121
Walter Breitinger 46
Michael Fontana 146, 148, 150, 152, 153, 154, 156, 158, 160
Juri Junkov (im Bild: Ralph Giordano liest am 25.2.2003 im Literaturhaus Basel aus seinem Buch ‹Sizilien, Sizilien! – Eine Heimkehr›) 162
Thomas Meyer 129
André Muelhaupt (aus: Braun, Evelyn / Fringeli, Dieter: Wohnhaft in Basel. 25 Autoren und ihre Stadt, Basel 1988) 38
Felix v. Muralt / Lookat Photos 87
Barbara Niggl Radloff 73
Isolde Ohlbaum 140
Privatbesitz: Louis-Edgar Berger 17
Privatbesitz: Familie Borchert / Irmgard Schindler 23
Privatbesitz: Jürg Federspiel 42
Privatbesitz: Christoph E. Hoffmann 125
Privatbesitz: Birgit Kempker 77
Privatbesitz: Hortensia von Roten 113
Privatbesitz: Wolfgang Wendler 126
Ute Schendel 84
Judith Schlosser 122
Urs Tremp 12
Universitätsbibliothek Basel 13, 15, 19, 21, 22, 25, 27, 29, 31, 34, 36, 40, 44, 50, 54, 58, 59, 61, 62, 64, 66, 68, 69, 71, 74, 75, 78, 80, 82, 83, 85, 89, 90, 91, 93, 95, 96, 98, 100, 102, 104, 106, 107, 108, 110, 115, 117, 119, 123, 128, 133, 135, 137, 141, 143
Unbekannt (aus: Aegerter, Karl (mitw. Hg.): Dem Gedenken der Dichterin Elisabeth Gerter, Aarau 1965) 56
Unbekannt (aus: Kubli, Sabine / Stump, Doris (Hg.): «Viel Köpfe, viel Sinn». Texte von Autorinnen aus der deutschsprachigen Schweiz 1725 – 1945, Bern 1994) 112, 139
Unbekannt (aus: Peuckert, Will-Erich: Sebastian Franck – Ein deutscher Suchender, München 1943) 48
Christian Vogt 33
Kurt Wyss 67
Ayse Yavas / keystone 52
Erwin Zbinden 49